JN085403

対訳

英語版でよむ

THE CONSTITUTION OF JAPAN

日本の憲法

翻訳：**柴田元幸**〈英米文学翻訳家〉

監修：**木村草太**〈憲法学者〉

アルク

はじめに

　1946年11月3日、日本国憲法が公布されたその日、「英文官報号外」には "The Constitution of Japan"（日本の憲法）が掲載されました。これは、GHQ草案の英文を踏まえつつも、あくまで出来上がった日本国憲法の英語版として、日本側が作成した文書です。

　この本の核になっているのは、それを現代日本語に訳したものです。そして訳者は、現代アメリカの小説の翻訳を主たる仕事としてきた、法律にはおよそ無知な人間です。だからこの本に載っている訳文は、法律に関する豊富な知識に裏打ちされたことを強みとするのではまったくなく、むしろ逆に、法律のことなどぜんぜん知らない、ただし長年翻訳という作業に携わってはきた人間が憲法英語版を「素直」に読めばこう訳せます、という精神で作成したものです。ただ、無知ゆえにあんまり阿呆な間違いがあってもよくないので、憲法学者の木村草太さんに監修をお願いし、かたじけなくも対談までしていただきました。

　加えて木村さんには、日本国憲法を考える上で意味ある比較の対象として、アメリカ合衆国憲法から重要項目を選んでいただき、これも当方が「素直」に読んで訳し、ふたたび木村さんが監修してくださいました。

　日本国憲法英語版は、公式には拘束力を持たない、あくまでも「参考資料」です。そういうものを訳すことで、べつに訳者も出版社も、憲法を守ろうとか変えようとかいった主張を行なっているわけではまったくありません。でも、実際に憲法にどういうことがどういうふうに書いてあるのか、多くの人が目を向けるのはいいことだと訳者も出版社も思っています。英語バージョンの日本語訳から入る、というのは、そのためには妙な回り道かもしれないけれど、回り道ゆえに見えてくるものもあればいいなと願っています。

2021年4月

柴田元幸

[翻訳] 柴田元幸

アメリカ文学研究者、翻訳家。1954年東京生まれ。ポール・オースターやリチャード・パワーズ、レベッカ・ブラウンをはじめ、アメリカ文学の翻訳を数多く手がける。文芸誌『MONKEY』（スイッチ・パブリッシング）責任編集。『アメリカン・ナルシス』（東京大学出版会）でサントリー学芸賞、『メイスン&ディクスン』（上・下、新潮社）で日本翻訳文化賞を受賞。月刊誌『ENGLISH JOURNAL』（アルク）にて「英米文学この一句」を好評連載中。

[監修] 木村草太

憲法学者。東京都立大学法学部教授。1980年東京生まれ。著書に、『平等なき平等条項論』（東京大学出版会）、『憲法の急所』（羽鳥書店）、『ほとんど憲法　上・下』（河出書房新社）、『憲法学者の思考法』（青土社）、『子どもの人権をまもるために』（晶文社）など多数。『沖縄タイムス』での連載など、メディアでも幅広く活躍。

[日本語朗読] 関俊彦

声優。81プロデュース所属。栃木県出身。主な出演作に「鬼滅の刃」（鬼舞辻無惨役）、「忍たま乱太郎」（土井先生役）、「最遊記」（玄奘三蔵役）、「仮面ライダー電王」（モモタロス役）など。アニメのほか、ゲーム、舞台、歌など幅広い分野で活躍。第十五回声優アワードでは富山敬賞を受賞。

[英語朗読] Kimberly Forsythe

NPO法人シャイン・オン・キッズ創設者・理事長。1990年に来日後、ナレーター、声優、DJとして活動。その後、小児がんや重い病気の子どもとその家族をサポートする、NPO法人シャイン・オン・キッズを設立。現在は日本国外を拠点に活動中。

目次

日本の憲法をよむ　I

日本の憲法をよむ　II

日本の憲法をよむ　III

アメリカ合衆国憲法をよむ

本書の構成

日本の憲法をよむ

日本国憲法の英語版と日本語訳を対訳でおよみいただけます。憲法の公式英文と、それを英米文学翻訳家の柴田元幸先生が翻訳したものです。明快な現代語訳で憲法の内容がすらすら頭に入ってきます。英文は、辞書がなくても読み進められるよう、語注が付いています。さらに、英語と日本語の朗読音声で憲法を耳から味わうこともできます。

また、法律用語の特徴など、柴田先生が憲法を訳して感じたことを2本のコラムでつづっています。

ダウンロード音声のトラック番号
朗読音声をダウンロードしてお聞きください。

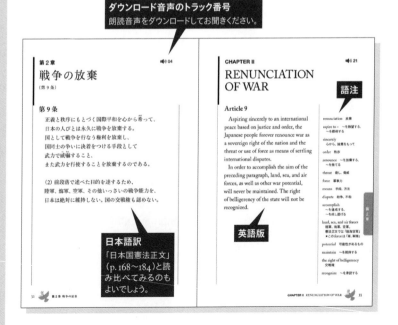

第2章
戦争の放棄
（第9条）

第9条
正義と秩序にもとづく国際平和を心から希って、
日本の人びとは永久に戦争を放棄する。
国として戦争を行なう権利を放棄し、
国同士の争いに決着をつける手段として
武力で威嚇すること、
また武力を行使することを放棄するのである。

（2）前段落で述べた目的を達するため、
陸軍、海軍、空軍、その他いっさいの戦争能力を、
日本は絶対に維持しない。国の交戦権も認めない。

日本語訳
「日本国憲法正文」
（p. 168〜184）と読
み比べてみるのも
よいでしょう。

CHAPTER II
RENUNCIATION OF WAR

Article 9
Aspiring sincerely to an international peace based on justice and order, the Japanese people forever renounce war as a sovereign right of the nation and the threat or use of force as means of settling international disputes.

In order to accomplish the aim of the preceding paragraph, land, sea, and air forces, as well as other war potential, will never be maintained. The right of belligerency of the state will not be recognized.

語注

renunciation　放棄
aspire to ~　〜を熱望する。〜を待望する
sincerely　心から、誠意をもって
order　秩序
renounce　〜を放棄する。〜を捨てる
threat　脅し、脅威
force　軍事力
means　手段、方法
dispute　紛争、不和
accomplish　〜を達成する。〜を成し遂げる
land, sea, and air forces　陸軍、海軍、空軍。憲法正文では「陸海空軍」●この force は「軍、軍隊」
potential　可能性があるもの
maintain　〜を維持する
the right of belligerency　交戦権
recognise　〜を承認する

英語版

日本国憲法が成立するまで

日本国憲法の成立過程を憲法学者の木村草太先生が解説。貴重な資料写真と年表で憲法の成り立ちを振り返ります。

英語からみた「日本の憲法」

「憲法翻訳」に挑んだ柴田先生と、法律用語を監修した木村先生による対談です。

日本国憲法 正文

日本国憲法の全文です。漢字は読みやすさを考慮し、新字としました。

ダウンロード音声について

「日本国憲法」の英語版と日本語訳の朗読音声をダウンロードいただけます。以下の方法で音声ファイルをダウンロードし、「🔊01」のように示されているトラック番号を再生してお聞きください（この例では「トラック01」を再生）。トラック番号の一覧は p. 9、p. 65、p. 117 に記載しています。

▶ パソコンでダウンロードする場合

以下のURLで「アルク・ダウンロードセンター」にアクセスの上、画面の指示に従って、音声ファイルをダウンロードしてください。ダウンロードセンターで本書を探す際には、商品コード「7021026」を利用すると便利です。

URL https://www.alc.co.jp/dl/

▶ スマートフォンでダウンロードする場合

以下のURLから学習用アプリ「booco」をインストールの上、ホーム画面下「探す」から本書を検索し、音声ファイルをダウンロードしてください。

URL https://www.booco.jp/

※「ダウンロードセンター」およびアプリ「booco」のサービス内容は、予告なく変更する場合がございます。あらかじめご了承ください。

アメリカ合衆国憲法をよむ

アメリカ合衆国憲法の重要な条文を英語と日本語の対訳でおよみいただけます。

●アメリカ合衆国憲法を訳して

「日本国憲法」に続き、「アメリカ合衆国憲法」も柴田先生が翻訳。訳語に込めた思いなどを先生が語っています。

●アメリカ合衆国憲法（抜粋）

大統領の選出方法に関する規定など、重要な条文について知ることができます。

●アメリカ合衆国憲法の成り立ちと歴史

世界最古の成文憲法といわれるアメリカ合衆国憲法の成り立ちを木村先生が解説しています。日米比較で日本の憲法への理解もより深まります。

〈凡例〉

＊本書掲載の「英語版日本国憲法」は、原則として、1946年11月3日付の英文官報号外に掲載された "THE CONSTITUTION OF JAPAN" によっています。

＊82条と103条については、改行の位置とカンマの位置が英文官報号外掲載のものと異なっています。信頼に足る資料複数に当たり、首相官邸ホームページの英語版（http://japan.kantei.go.jp/constitution_and_government/frame_01.html）に従うこととしました。

＊日本語訳の章題「天皇の言葉」（p. 10）と「前文」（p. 14）は本書で便宜上入れたもので、英語には該当する表記はありません。また、日本語朗読音声でこの章題の読み上げはありません。

＊日本語訳では、読みやすさを考慮し、第2項以下については「(2)」のように示しています。日本語の朗読音声では「第2項」と読み上げています（「(3)」以下も同様）。

＊「アメリカ合衆国憲法」は、The U.S. National Archives and Records Administration（アメリカ国立公文書記録管理局）のホームページに掲載されている英文に従っています。

＊アメリカ合衆国憲法の英文には、Section（セクション）の下位の見出しがありません。本書では便宜上、日本語訳に「1項」のように項を表記しています。

日本の憲法をよむ I

9

（天皇の言葉）

新しい日本を築く土台が、
日本の人びとの意志にしたがって
据えられることを、
わたしは嬉しく思う。
そしてここに、枢密院に諮り、
帝国日本憲法第73条にもとづく
帝国議会の議決を受けて、
帝国日本憲法の改正をわたしは認可し、公布する。

署名　裕仁（天皇 印）
昭和21年（1946年）11月3日

連署
内閣総理大臣 兼
外務大臣　吉田茂
国務大臣　男爵　幣原喜重郎

↓

I rejoice that the foundation for the construction of a new Japan has been laid according to the will of the Japanese people, and hereby sanction and promulgate the amendments of the Imperial Japanese Constitution effected following the consultation with the Privy Council and the decision of the Imperial Diet made in accordance with Article 73 of the said Constitution.

Signed: HIROHITO, Seal of the Emperor

This third day of the eleventh month of the twenty-first year of Showa (November 3, 1946)

Countersigned:

Prime Minister and concurrently Minister for Foreign Affairs YOSHIDA Shigeru

Minister of State Baron SHIDEHARA Kijuro

↓

rejoice 〜を大いに喜ぶ

sanction 〜を認可する、〜を承認する

promulgate 〜（法律など）を公布する

amendment （法律などの）改正案、修正（条項）

the Imperial Japanese Constitution 帝国日本憲法。日本国憲法の正文（以下「憲法正文」）では「帝国憲法」

effect 〜を発効させる

consultation 相談、協議、諮問

the Privy Council 枢密院

the Imperial Diet 帝国議会

in accordance with 〜 〜にもとづいて、〜に従って

countersigned 連署された

concurrently 同時に

司法大臣　木村篤太郎

内務大臣　大村清一

文部大臣　田中耕太郎

農林大臣　和田博雄

国務大臣　斎藤隆夫

逓信大臣　一松定吉

商工大臣　星島二郎

厚生大臣　河合良成

国務大臣　植原悦二郎

運輸大臣　平塚常次郎

大蔵大臣　石橋湛山

国務大臣　金森徳次郎

国務大臣　膳桂之助

Minister of Justice
KIMURA Tokutaro
Minister for Home Affairs
OMURA Seiichi
Minister of Education
TANAKA Kotaro
Minister of Agriculture and Forestry
WADA Hiroo
Minister of State
SAITO Takao
Minister of Communications
HITOTSUMATSU Sadayoshi
Minister of Commerce and Industry
HOSHIJIMA Niro
Minister of Welfare
KAWAI Yoshinari
Minister of State
UEHARA Etsujiro
Minister of Transportation
HIRATSUKA Tsunejiro
Minister of Finance
ISHIBASHI Tanzan
Minister of State
KANAMORI Tokujiro
Minister of State
ZEN Keinosuke

（前文）

日本の憲法

　私たち日本の人びとは、正しい手続きを経て選ばれた、国会における代表者を通して自分たちの意志を実現する。自分たちのため、子孫のために、私たちはすべての国と平和に手を結ぶことからもたらされる果実を確保し、自由の与えてくれる恵みを、この国の隅々まで広めていく。政府の行動によって戦争の悲惨に引き込まれることが二度とないよう、主権は人びとにあることを、かくして私たちは宣言し、ここにこの憲法を定める。統治権は人びとからの不可侵の預かり物であり、その権威は人びとから発し、

↓

The Constitution of Japan

We, the Japanese people, acting through our duly elected representatives in the National Diet, determined that we shall secure for ourselves and our posterity the fruits of peaceful cooperation with all nations and the blessings of liberty throughout this land, and resolved that never again shall we be visited with the horrors of war through the action of government, do proclaim that sovereign power resides with the people and do firmly establish this Constitution. Government is a sacred trust of the people, the authority for which is derived from the people,

（前文）

duly　正式に

representative　代表者

the National Diet　国会

determined that ~
　~と決心して

shall do　~するものとする

posterity　子孫

fruits　果実、成果

blessing　恩恵

resolved that ~
　~と決心して

proclaim that ~
　~と宣言する

sovereign power　主権

reside with ~
　~に属する、~に帰する

firmly
　しっかりと、断固として

establish
　~（法律など）を制定する

sacred　不可侵の、神聖なる

authority　権力、権限

be derived from ~
　~に由来する

↓

その権力は人びとを代表する者たちによって行使され、その恩恵は人びとによって享受（きょうじゅ）される。人類にとって万国共通のこの原理を、私たちの憲法もまた土台にしている。これと対立するすべての憲法、法律、命令、詔令（しょうれい）を私たちは退け、廃する。

私たち日本の人びとは、永久の平和を希（ねが）い、人間同士をつなげている貴（とうと）い理想を胸に刻む。平和を愛する世界の国ぐにの人びとの正しさと誠実さに信を置くことによって、自分たちの安全と生命を護（まも）っていこうと私たちは決意した。国際社会は、平和を維持し、暴政、奴隷制、弾圧、非寛容をこの世界から永久になくそうと努めている。私たちもまた、その社会のなかに名誉ある立場を築いていきたいと思う。世界中すべての国の人びとが、平和に、恐れも欠乏もなく暮らす権利を持っていることを私たちは認識している。

↓

the powers of which are exercised by the representatives of the people, and the benefits of which are enjoyed by the people. This is a universal principle of mankind upon which this Constitution is founded. We reject and revoke all constitutions, laws, ordinances, and rescripts in conflict herewith.

We, the Japanese people, desire peace for all time and are deeply conscious of the high ideals controlling human relationship, and we have determined to preserve our security and existence, trusting in the justice and faith of the peace-loving peoples of the world. We desire to occupy an honored place in an international society striving for the preservation of peace, and the banishment of tyranny and slavery, oppression and intolerance for all time from the earth. We recognize that all peoples of the world have the right to live in peace, free from fear and want.

↓

exercise
　〜（権利など）を行使する

mankind　人類、人間

be founded upon(on) 〜
　〜にもとづく

revoke　〜を無効にする、
　〜を取り消す

ordinance
　命令、法令、条例

rescript　詔令、勅令

in conflict
　対立して、矛盾して

herewith　これをもって、
　これに関して

（前文）

existence　生存（物）、存在

occupy　〜（地位）を占める

honored place
　名誉ある地位

strive for 〜　〜を得ようと
　奮闘（努力）する

preservation　維持、保護

banishment　追放、廃棄

tyranny　暴政、圧政

slavery　奴隷制

oppression　弾圧、抑圧

intolerance　非寛容

want　欠乏、貧困

17

いかなる国も、自分に対してのみ責任を負っているのではない。正しい政治の道の根本は世界共通だと私たちは信じる。みずからの主権を維持し、主権としてほかの国々との関係を正しく保とうとする国はすべて、その根本に従う必要がある。

　私たち日本の人びとは、持てる力すべてを駆使し、この貴い理想と目的を達成することを、国民としての名誉にかけて誓う。

We believe that no nation is
responsible to itself alone, but that
laws of political morality are universal;
and that obedience to such laws is
incumbent upon all nations who would
sustain their own sovereignty and justify
their sovereign relationship with other
nations.

We, the Japanese people, pledge our
national honor to accomplish these
high ideals and purposes with all our
resources.

law　原則、掟

morality　道徳、倫理性

obedience　従うこと、服従

incumbent upon(on) ~
　~に責任のある

sustain
　~を保つ、~を維持する

sovereignty
　主権、統治権、支配権

（前文）

pledge　~を誓う

accomplish
　~を達成する、
　~を成し遂げる

with all one's resources
　全身全霊をかけて、
　全力を尽くして

第1章

天皇

（第1条〜第8条）

第1条

天皇は国の象徴、人びとの統一の象徴とする。

国の主権は人びとにあり、

天皇の地位も、人びとの意志にもとづいている。

第2条

天皇の座は代々皇室が継ぎ、

国会が可決した皇室法に従って世襲される。

CHAPTER I

🔊 20

THE EMPEROR

Article 1

The Emperor shall be the symbol of the State and of the unity of the people, deriving his position from the will of the people with whom resides sovereign power.

unity　統一

derive ~ from …
　〜を…から得る

reside with ~
　〜に属する、〜に帰する
　★ここでは sovereign
　　power が主語

第1章

Article 2

The Imperial Throne shall be dynastic and succeeded to in accordance with the Imperial House Law passed by the Diet.

the Imperial Throne
　天皇の座。
　憲法正文では「皇位」
　★ imperial は
　　「皇帝の、皇后の」、
　　throne は「王位、王座」

dynastic　世襲の

succeed to ~
　〜を継承する、
　〜を相続する

the Imperial House Law
　皇室法。
　憲法正文では「皇室典範」

pass　〜（議案など）を
　可決する

the Diet　国会、議会

第3条

天皇が国事に携わる際は、
内閣の助言と承認を必須とし、
内閣はこれに関し責任を負う。

第4条

天皇は国事に関し、この憲法で定める行為のみを
遂行し、国政に関する権力は持たない。

(2) 天皇は国事の遂行を、
法の定めに従って代理に任せることができる。

第5条

皇室法に従って摂政を置いた際は、
摂政は天皇の名において国事を遂行する。
この場合、前条第1項を適用する。

Article 3

The advice and approval of the Cabinet shall be required for all acts of the Emperor in matters of state, and the Cabinet shall be responsible therefor.

the Cabinet　内閣

in matters of ~
　〜に関して

therefor　これに対して

Article 4

The Emperor shall perform only such acts in matters of state as are provided for in this Constitution and he shall not have powers related to government.

The Emperor may delegate the performance of his acts in matters of state as may be provided by law.

provide for ~
　（法律が）〜を規定する

related to ~
　〜に関連して

delegate　〜を任せる、
　〜を委任する

第1章

Article 5

When, in accordance with the Imperial House Law, a Regency is established, the Regent shall perform his acts in matters of state in the Emperor's name. In this case, paragraph one of the preceding article will be applicable.

regency　摂政（職）

regent　摂政

preceding　直前の、前述の

applicable
　適用できる、効力がある

第 6 条

天皇は国会の指名した総理大臣を任命する。

（2）天皇は内閣の指名した
最高裁判所首席裁判官を任命する。

Article 6

The Emperor shall appoint the Prime Minister as designated by the Diet.

The Emperor shall appoint the Chief Judge of the Supreme Court as designated by the Cabinet.

appoint　〜を任命する

designate　〜を指名する

Chief Judge　首席裁判官。
憲法正文では
「長たる裁判官」

Supreme Court
最高裁判所
★ supreme は「最高の」、
court は「裁判所、法廷」

第1章

第7条

天皇は内閣の助言と承認を得て、人びとを代表し、
国事における次の諸行為を遂行する。

1 憲法改正・法律・内閣命令・条約を公布する。
2 国会を召集する。
3 代表者会を解散する。
4 国会構成員総選挙を公示する。
5 法の定めに従って大臣など官吏の任命と解任を
   認証し、大使と公使の全権と信任状を認証する。

↓

Article 7

The Emperor, with the advice and approval of the Cabinet, shall perform the following acts in matters of state on behalf of the people:

Promulgation of amendments of the constitution, laws, cabinet orders and treaties.

Convocation of the Diet.

Dissolution of the House of Representatives.

Proclamation of general election of members of the Diet.

Attestation of the appointment and dismissal of Ministers of State and other officials as provided for by law, and of full powers and credentials of Ambassadors and Ministers.

on behalf of ~
　～を代表して

promulgation　公布、発布

amendment　修正事項

treaty　条約

convocation
　（大きな会議などの）召集

dissolution
　（議会の）解散

the House of
Representatives
　代表者会。
　憲法正文では「衆議院」
　★ house は「議会」、
　　representative は
　　「国会議員、代表者」

proclamation
　宣言、布告

general election　総選挙
　★ election は「選挙」

attestation　認証

appointment　任命

dismissal　解雇、免職

official　公務員

as provide for by law
　法によって
　規定されている通り

credential　信任状

ambassador　大使

↓

minister　公使

第1章

6 大赦・特赦、減刑、刑執行免除または延期、
  権利の回復を認証する。

7 勲章などの栄誉を授与する。

8 法の定めに従い、
  批准書をはじめとする外交文書を認証する。

9 他国の大使や公使を歓待する。

10 式典を遂行する。

Attestation of general and special amnesty, commutation of punishment, reprieve, and restoration of rights.

Awarding of honors.

Attestation of instruments of ratification and other diplomatic documents as provided for by law.

Receiving foreign ambassadors and ministers.

Performance of ceremonial functions.

amnesty　恩赦

commutation
　（刑罰・債務などの）軽減

punishment　刑罰

reprieve　（特に死刑の）
　執行免除・延期

restoration　復活、復旧

award　～を授与する

instrument
　法律文書、証書

ratification　承認、批准

diplomatic　外交上の

receive　～を歓迎する

第1章

第8条

　国会の承認がないかぎり、
いかなる財産も皇室に与えること、
皇室が受けとることはできないし、
また皇室からいかなる贈与もできない。

第1章 天皇

Article 8

No property can be given to, or received by, the Imperial House, nor can any gifts be made therefrom, without the authorization of the Diet.

authorization　承認、許可

第
1
章

第2章

戦争の放棄

（第9条）

第9条

正義と秩序にもとづく国際平和を心から希（ねが）って、
日本の人びとは永久に戦争を放棄する。
国として戦争を行なう権利を放棄し、
国同士の争いに決着をつける手段として
武力で威嚇（いかく）すること、
また武力を行使することを放棄するのである。

（2）前段落で述べた目的を達するため、
陸軍、海軍、空軍、その他いっさいの戦争能力を、
日本は絶対に維持しない。国の交戦権も認めない。

CHAPTER II

◀)) 21

RENUNCIATION OF WAR

Article 9

Aspiring sincerely to an international peace based on justice and order, the Japanese people forever renounce war as a sovereign right of the nation and the threat or use of force as means of settling international disputes.

In order to accomplish the aim of the preceding paragraph, land, sea, and air forces, as well as other war potential, will never be maintained. The right of belligerency of the state will not be recognized.

renunciation　放棄

aspire to ~　～を熱望する、
　～を標榜する

sincerely
　心から、誠意をもって

order　秩序

renounce　～を放棄する、
　～を捨てる

threat　脅し、脅威

force　軍事力

means　手段、方法

dispute　紛争、不和

accomplish
　～を達成する、
　～を成し遂げる

land, sea, and air forces
　陸軍、海軍、空軍。
　憲法正文では「陸海空軍」
　★この force は「軍、軍隊」

potential　可能性があるもの

maintain　～を維持する

the right of belligerency
　交戦権

recognize　～を承認する

第2章

CHAPTER II RENUNCIATION OF WAR　　33

第3章

人びとの権利と義務

（第 10 条～第 40 条）

第 10 条

日本国民であるために必要な諸条件は、
法律によって決める。

第 11 条

人びとがいかなる基本的人権を
享受することも妨げてはならない。
この憲法が人びとに保障するこれら基本的人権は、
現在の世代・未来の世代の人びとに、
永久かつ不可侵の権利として与えられる。

🔊 22

RIGHTS AND DUTIES OF THE PEOPLE

Article 10

The conditions necessary for being a Japanese national shall be determined by law.

condition 条件

Japanese national
日本国民

determine ～を決定する

Article 11

The people shall not be prevented from enjoying any of the fundamental human rights. These fundamental human rights guaranteed to the people by this Constitution shall be conferred upon the people of this and future generations as eternal and inviolate rights.

prevent ~ from doing
　～が…するのを妨げる

enjoy ～を享受する

fundamental human rights
　基本的人権

guaranteed 保障された

confer ~ upon(on) ...
　～を…に与える

eternal 永久の、不変の

inviolate （法律的に）
　侵害されない

第3章

第12条

この憲法が人びとに保障するさまざまな自由と権利は、

人びとの不断の努力によって維持せねばならない。

人びとはこれらの自由と権利の濫用を避け、

それらを公の福利のために用いる責任をつねに負う。

第13条

人はみな、個人として尊重せねばならない。

生命・自由の権利、幸福を追求する権利は、

それが公の福利を妨げないかぎり、

法律の制定をはじめ国政において

何より尊重せねばならない。

Article 12

The freedoms and rights guaranteed to the people by this Constitution shall be maintained by the constant endeavor of the people, who shall refrain from any abuse of these freedoms and rights and shall always be responsible for utilizing them for the public welfare.

constant endeavor
不断の努力

refrain from ~
～を慎む、～を控える

abuse　濫用

responsible for doing
　～することに責任を負う

utilize　～を用いる

public welfare　公の福利。
　憲法正文では「公共の福祉」
　★ welfare は「福祉、福利」

Article 13

All of the people shall be respected as individuals. Their right to life, liberty, and the pursuit of happiness shall, to the extent that it does not interfere with the public welfare, be the supreme consideration in legislation and in other governmental affairs.

pursuit　追求

to the extent that ~
　～の限りにおいて

interfere with ~
　～を妨げる

consideration
　考慮、配慮すべき事柄

legislation
　法律の制定、立法

governmental affairs
　国政

第
3
章

第14条

人はみな法の下で平等であり、
人種・信条・性別・社会的地位・家柄などを理由に
いかなる政治・経済・社会的差別も受けてはならない。

(2) 貴族・爵位は認めない。

(3) 勲章などの栄誉の授与には
いかなる特権も伴わない。そうした栄誉は、
現在それを有する、もしくは今後それを受ける
個人の生涯に限られ、その先まで継承されない。

Article 14

All of the people are equal under the law and there shall be no discrimination in political, economic or social relations because of race, creed, sex, social status or family origin.

Peers and peerage shall not be recognized.

No privilege shall accompany any award of honor, decoration or any distinction, nor shall any such award be valid beyond the lifetime of the individual who now holds or hereafter may receive it.

discrimination 差別

creed 信条、信仰、主義

family origin 家系、家柄

peer 貴族

peerage 爵位

privilege 特権

accompany
　～に付随して起こる、
　～に伴う

honor 栄典、名誉賞、勲章

decoration 勲章、メダル

distinction 栄誉のしるし

valid 有効な、効力のある

lifetime 生涯、一生

hereafter これ以降、今後

第
3
章

第 15 条

人びとは公務員を選び、解任する、
誰にも奪えない権利を持つ。

(2) 公務員はみな、共同体全体に仕えるのであり、
いかなる特定の集団にも仕えない。

(3) 公務員の選挙に関しては、
成人に普通選挙権を保障する。

(4) すべての選挙において、
投票の秘密を侵してはならない。
投票者は自分が行なった選択に関し、
公的にも私的にも責任を問われることはない。

Article 15

The people have the inalienable right to choose their public officials and to dismiss them.

All public officials are servants of the whole community and not of any group thereof.

Universal adult suffrage is guaranteed with regard to the election of public officials.

In all elections, secrecy of the ballot shall not be violated. A voter shall not be answerable, publicly or privately, for the choice he has made.

inalienable
奪うことのできない

public officials　公務員

dismiss　〜を解雇する、
〜を免職する

servant　奉仕者

thereof　それの、その

universal suffrage
普通選挙権
★ universalは
「普遍的な、万人の」、
suffrageは
「選挙権、参政権」

with regard to 〜
〜に関しては

secrecy　秘密を守ること

ballot　投票

violate　〜を侵害する

voter　投票者、有権者

answerable
責任を問われる

第3章

第16条

すべての人は、損害の賠償、公務員の解任、
法律・命令・規則の制定・廃止・修正などを
平和裡(へいわり)に申し立てる権利を持つ。
また、誰に対してであれ、そのような申し立てを
妨げるいかなる差別も行なってはならない。

第17条

公務員の不法な行為が原因となって
損害を被(こうむ)った場合、
すべての人は、法律の定めに従い、
国もしくは公共団体を訴えて
賠償を求めることができる。

Article 16

Every person shall have the right of peaceful petition for the redress of damage, for the removal of public officials, for the enactment, repeal or amendment of laws, ordinances or regulations and for other matters; nor shall any person be in any way discriminated against for sponsoring such a petition.

petition
申し立てること、請願

redress 補償、賠償

removal 解任、免職

enactment 制定、立法

repeal 廃止、撤回

amendment 修正、変更

ordinance 命令、法令

regulation 規則、規定

discriminate against ~
〜を差別する

sponsor 〜を提案する

Article 17

Every person may sue for redress as provided by law from the State or a public entity, in case he has suffered damage through illegal act of any public official.

sue for ~
〜を求めて訴訟を起こす

provided by ~
〜によって定められた

public entity 公共団体

illegal 不法の、違法の

第 18 条

06

誰であれ、人をいかなる形でも
奴隷的に拘束してはならない。
犯罪に対する刑罰を除き、
本人の意志に反して
人に強制労働を科すことを禁じる。

第 19 条

思考と良心の自由を侵してはならない。

第 20 条

信仰の自由は万人に保障する。
いかなる宗教団体も
国からいっさい特権を受けてはならず、
また政治上の権限もいっさい行使してはならない。

(2) 誰に対しても、宗教上の行為・式典・
儀式・実践への参加を強制してはならない。

(3) 国家とその諸機関は、宗教教育をはじめ、
いっさい宗教活動に携わってはならない。

Article 18

No person shall be held in bondage of any kind. Involuntary servitude, except as punishment for crime, is prohibited.

bondage
　拘束、捕らわれること

involuntary　不本意の

servitude　（刑罰としての）
　強制労働、苦役

punishment　刑罰

crime　犯罪

prohibit　～を禁止する

Article 19

Freedom of thought and conscience shall not be violated.

conscience　良心

Article 20

Freedom of religion is guaranteed to all. No religious organization shall receive any privileges from the State, nor exercise any political authority.

No person shall be compelled to take part in any religious act, celebration, rite or practice.

The State and its organs shall refrain from religious education or any other religious activity.

religious
　宗教上の、宗教に関する

exercise
　～（権利など）を行使する

authority　権力、権限

compel ~ to do
　～に…するよう強制する

take part in ~
　～に参加する

celebration　式典、祝典

rite　儀式

organ　機関、組織

第3章

第21条

集会と結社の自由、また言論・報道など
すべての表現の自由を保障する。

(2) いかなる検閲も行なってはならないし、
いかなる通信手段の秘密も侵してはならない。

第22条

すべての人は、公の福利を妨げないかぎり、
居住地を選び、変える自由を持ち、
また職業を選ぶ権利を持つ。

(2) 人はみな、外国に移住する権利と
国籍を捨てる権利を持ち、
この権利は不可侵である。

第23条

学問の自由を保障する。

Article 21

Freedom of assembly and association as well as speech, press and all other forms of expression are guaranteed.

No censorship shall be maintained, nor shall the secrecy of any means of communication be violated.

assembly　集会、集まり

association　協会、団体

speech　言論

press　出版、報道

censorship　検閲

Article 22

Every person shall have freedom to choose and change his residence and to choose his occupation to the extent that it does not interfere with the public welfare.

Freedom of all persons to move to a foreign country and to divest themselves of their nationality shall be inviolate.

residence　居住地

divest oneself of ~
　~を捨てる

nationality　国籍

inviolate　（法律的に）
　侵害されない

Article 23

Academic freedom is guaranteed.

第3章

第24条

結婚はもっぱら両性相互の同意にもとづくものとし、
夫と妻の平等の権利を基盤として、
相互の協力によって維持せねばならない。

（2）配偶者選び・財産権・相続・住居選び・離婚など、
結婚と家族をめぐる事柄に関し、
法律は個人の尊厳と男女の根本的平等を踏まえて
制定せねばならない。

第25条

人はみな、健全かつ文化的な、
最低水準の暮らしを営む権利を持つ。

（2）世のあらゆる領域において、
国家は社会の福利と安全、および公の健康を促進し
拡張するよう努めねばならない。

Article 24

Marriage shall be based only on the mutual consent of both sexes and it shall be maintained through mutual cooperation with the equal rights of husband and wife as a basis.

With regard to choice of spouse, property rights, inheritance, choice of domicile, divorce and other matters pertaining to marriage and the family, laws shall be enacted from the standpoint of individual dignity and the essential equality of the sexes.

mutual　相互の、互いの、双方による

consent　同意、意見の一致

spouse　配偶者

inheritance　相続

domicile　住所、居住地

divorce　離婚

pertain to ～　～に関連する、～に付随する

enact　～（法律）を制定する

from the standpoint of ～　～の見地から

dignity　尊厳

Article 25

All people shall have the right to maintain the minimum standards of wholesome and cultured living.

In all spheres of life, the State shall use its endeavors for the promotion and extension of social welfare and security, and of public health.

wholesome　健全な、健康な

sphere　領域、分野、範囲

endeavor　努力、尽力

第3章

第 26 条

人はみな、能力に応じ、法律の定めに従い、
平等の教育を受ける権利を持つ。

(2) 人はみな、男女を問わず自分が保護している子供に、
法律の定めに従い、普通教育を受けさせる義務を負う。
こうした義務教育は無償とする。

第 27 条

人はみな、働く権利と義務を持つ。

(2) 給料・勤務時間・休憩など、
労働条件の基準は法律によって定める。

(3) 児童を搾取してはならない。

第 28 条

働く人たちが組合などを組織し、
団体で交渉し行動する権利を保障する。

Article 26

All people shall have the right to receive an equal education correspondent to their ability, as provided by law.

All people shall be obligated to have all boys and girls under their protection receive ordinary education as provided for by law. Such compulsory education shall be free.

correspondent to ~
～と一致する、
～と対応する

obligate ~ to do
～に…することを
義務付ける

compulsory education
義務教育
★compulsory は
「義務的な」

Article 27

All people shall have the right and the obligation to work.

Standards for wages, hours, rest and other working conditions shall be fixed by law.

Children shall not be exploited.

obligation 義務

wages 給料、賃金

fix ～を決める、
～を設定する

exploit
～（労働者など）を
搾取する

Article 28

The right of workers to organize and to bargain and act collectively is guaranteed.

bargain 交渉する

collectively 集団で

第 29 条

財産を所有・保持する権利は不可侵である。

(2) 財産権は公の福利に適（かな）うよう、法律で規定する。

(3) 私的財産は、正当な補償を与えれば、
公のために使うことができる。

第 30 条

人びとは法律の定めに従い、課税を受ける。

第 31 条

人はみな、法律の定める手続きに則（のっと）った場合を除き、
生命・自由を奪われたり、
その他の刑事罰を受けたりすることが
あってはならない。

第 32 条

人はみな、裁判を受ける権利を否定されてはならない。

Article 29

The right to own or to hold property is inviolable.

Property rights shall be defined by law, in conformity with the public welfare.

Private property may be taken for public use upon just compensation therefor.

define ～を定義する、
　～を明確にする

in conformity with ～
　～に一致して、
　～にもとづいて

just　正当な

compensation
　補償、賠償

Article 30

The people shall be liable to taxation as provided by law.

liable to ～
　～の義務がある

taxation　課税、税制、税金

Article 31

No person shall be deprived of life or liberty, nor shall any other criminal penalty be imposed, except according to procedure established by law.

deprive ～ of ...
　～から…を奪う

criminal
　刑事上の、犯罪の

penalty　刑罰、処罰

impose　～（税・罰金・
　条件など）を課する

procedure　手続き

Article 32

No person shall be denied the right of access to the courts.

deny　～を否定する

court　裁判所、法廷

第 33 条

人はみな、法定資格のある司法官が発行した、
罪状を明記した令状なしに逮捕されてはならない。
ただし、現行犯逮捕の場合はこの限りでない。

第 34 条

人を逮捕・拘留する際はかならず、
罪状をただちに知らせねばならず、また、
即刻弁護人に相談する権利を与えねばならない。
さらに、正当な理由なしに拘留してはならない。
誰からであれ、要求されたらすぐ、
当人と弁護人の居合わせる公開法廷において
その拘留理由を示さねばならない。

Article 33

No person shall be apprehended except upon warrant issued by a competent judicial officer which specifies the offense with which the person is charged, unless he is apprehended, the offense being committed.

apprehend　〜を逮捕する

warrant　（逮捕・捜査などの）令状

issue　〜を発布する、〜を公布する

competent
　法的権限のある

judicial officer　司法官。
　憲法正文では「司法官憲」

specify　〜を明確に述べる

offense　犯罪、違法行為

charge　〜を告発する

commit
　〜（犯罪など）を犯す

Article 34

No person shall be arrested or detained without being at once informed of the charges against him or without the immediate privilege of counsel; nor shall he be detained without adequate cause; and upon demand of any person such cause must be immediately shown in open court in his presence and the presence of his counsel.

arrest　〜を逮捕する

detain　〜を勾留する

inform 〜 of ...
　〜に…を知らせる、
　〜に…を通知する

charge　容疑、罪

counsel　弁護士

adequate
　適正な、適切な

upon(on) demand of 〜
　〜の要求に応じて

in one's presence
　〜の面前で

第3章

第 35 条

すべての人は、侵入・捜索・押収を受けることなく
住居・文書・動産を保持する権利を有する。
例外となるのは、十分な理由ゆえに発行され、
捜索されるべき場や押収されるべき物品を
具体的に記した令状がある場合と、
第33条に定めた場合に限られる。

（2）捜索・押収にあたっては、
法的資格のある司法官が発行した別々の令状を、
そのつど用意せねばならない。

第 36 条

公務員による拷問は絶対に禁止する。
残酷な刑罰も同様である。

Article 35

The right of all persons to be secure in their homes, papers and effects against entries, searches and seizures shall not be impaired except upon warrant issued for adequate cause and particularly describing the place to be searched and things to be seized, or except as provided by Article 33.

Each search or seizure shall be made upon separate warrant issued by a competent judicial officer.

effects　動産、個人の資産

entry　（場所・建物などに）
　　入ること

seizure　押収、差し押さえ

impair　～を損なう、
　　～を害する

seize　～を押収する、
　　～を差し押さえる

Article 36

The infliction of torture by any public officer and cruel punishments are absolutely forbidden.

infliction　刑罰

torture　拷問

cruel　残酷な、無慈悲な

absolutely
　　絶対に、断固として

forbidden　禁じられた

第
3
章

第 37 条

すべての刑事事件において、被告人には、
偏りのない裁き手による公開の裁判を
迅速に受ける権利を与えねばならない。

（２）被告人には、すべての証人を審問する機会を
十全に与える。また被告人には、
自分の側の証人を集めるために
強制手続きに訴える権利を与え、費用は公が負担する。

（３）いついかなる時でも被告人は、
法的資格のある弁護人の助けを得る権利を持つ。
被告人が自力でそうした弁護人を確保できない場合は、
国家が弁護人を割りあて、被告人に提供する。

Article 37

In all criminal cases the accused shall enjoy the right to a speedy and public trial by an impartial tribunal.

He shall be permitted full opportunity to examine all witnesses, and he shall have the right of compulsory process for obtaining witnesses on his behalf at public expense.

At all times the accused shall have the assistance of competent counsel who shall, if the accused is unable to secure the same by his own efforts, be assigned to his use by the State.

criminal case　刑事事件

the accused　被告人

trial　裁判、公判、審理

impartial　公平な

tribunal　裁判所、法廷

permit ~ to do
　〜に…する機会を与える

examine
　〜（証人など）を尋問する

witness　証人、参考人

compulsory　強制的な

on one's behalf
　〜の利益になるように

at public expense　公費で
　★expenseは「出費、費用」

by one's own efforts
　自力で、独力で

assign　〜を割りあてる、
　〜を任命する

第3章

第38条

誰に対しても、自分に不利な証言を
強制してはならない。

（2）強制・拷問もしくは脅迫・不当に長い拘束や
留置の下で行なわれた自白は、証拠として認めない。

（3）自白以外に本人に不利な証拠がない場合、
人を有罪にしたり刑罰を科したりしてはならない。

第39条

誰に対しても、それが為された時点では
合法であった行為、もしくは
すでに無罪とされた行為に関し、
刑法上の罪を負わせてはならない。
同一の犯罪について、
二度刑事責任を問うてはならない。

Article 38

No person shall be compelled to testify against himself.

Confession made under compulsion, torture or threat, or after prolonged arrest or detention shall not be admitted in evidence.

No person shall be convicted or punished in cases where the only proof against him is his own confession.

compel ~ to do
　〜に…するよう強制する

testify against ~
　〜に不利な証言をする

confession　自白、告白

under compulsion
　強制されて

threat　脅し、脅迫

prolonged
　長引く、長期にわたる

arrest　拘束、逮捕

detention　勾留、拘置

in evidence　証拠として

convict
　〜に有罪を宣告する

proof　証拠、証明

Article 39

No person shall be held criminally liable for an act which was lawful at the time it was committed, or of which he has been acquitted, nor shall he be placed in double jeopardy.

criminally　刑事上

be held liable for ~
　〜の責任を問われる

lawful　合法の

acquit　〜を無罪とする

double jeopardy
　二重の危険
　★公判中や結審済みの
　　犯罪を再度訴追
　　すること

第40条

　人は誰も、逮捕もしくは拘留されたのちに
無罪とされた場合、法律の定めに従い、
国を訴えて補償を求めることができる。

Article 40

Any person, in case he is acquitted after he has been arrested or detained, may sue the State for redress as provided by law.

in case ~
　　もし〜の場合は

第3章

Shallの精神 | 柴田元幸 |

　木村草太さんとの対談（⇨ p. 148）でも話題になっているように、日本国憲法英語版の大半のセンテンスは、shallという、そのセンテンスを書いている人・語っている人の意志を表わす助動詞を使っている。

　これはべつに日本の憲法に限ったことではない。たとえば旧約聖書に出てくるモーセの十戒なども、十の「戒」のうち八つは、shallの二人称単数形shalt（いまでは使われない）を使って書かれている──

Thou shalt not kill.（汝殺すなかれ）

Thou shalt not commit adultery.（汝姦淫するなかれ）

Thou shalt not steal.（汝盗むなかれ）

Thou shalt not bear false witness against thy neighbour.（汝その隣人に対して虚妄の証據をたつるなかれ）

──と、否定的な「戒」ばっかりなのですが、まあ戒めというのは本来そういうものでしょうね（原文は King James Version、訳は日本聖書協会文語訳）。

　20世紀で印象的なshallは、アメリカの公民権運動とも密接に結びついていたプロテスト・ソング "We Shall Overcome"（邦題『勝利を我等に』）である。

Oh, deep in my heart, I do believe, we shall overcome（ああ、心の底で私は信じる、いつの日か勝利は我等に）

──まさに人民の意志を表わすshall。キング牧師も、暗殺前の最後の演説で "we shall overcome" と唱えた。

　日本の憲法に隠れているshallも、その精神はこちらにずっと近い。

日本の憲法をよむ II

65

第 4 章

🔊 08

国会

（第 41 条～第 64 条）

第 41 条

国会は国の権力の最高機関とし、
国家唯一の立法機関とする。

第 42 条

国会は二つの会から成るものとする。
すなわち代表者会と評議員会である。

第 43 条

両会とも選挙で選ばれた、
すべての人びとを代表する構成員から成る。

（2）各会の構成員の数は法律によって決める。

THE DIET

🔊 25

第4章

Article 41

The Diet shall be the highest organ of state power, and shall be the sole law-making organ of the State.

sole 唯一の

law-making organ
立法機関

Article 42

The Diet shall consist of two Houses, namely the House of Representatives and the House of Councillors.

consist of ~ ～から成る

namely すなわち

the House of
Representatives
代表者会。
憲法正文では「衆議院」

the House of
Councillors
評議員会。
憲法正文では「参議院」
★councillorは
「議員、評議員」

Article 43

Both Houses shall consist of elected members, representative of all the people.

The number of the members of each House shall be fixed by law.

elected 選出された

第44条

各会構成員の資格、選挙人の資格は
法律によって決める。
ただし、人種・信条・性別・社会的地位・
家柄・教育・財産・収入ゆえに
差別があってはならない。

第45条

代表者会構成員の任期は四年とする。
が、代表者会が解散させられた場合は
満了以前でも任期を打ち切る。

第46条

評議員会の構成員の任期は六年とし、
半数の選挙を三年ごとに行なう。

Article 44

The qualifications of members of both Houses and their electors shall be fixed by law. However, there shall be no discrimination because of race, creed, sex, social status, family origin, education, property or income.

qualification
資格、認定

elector　選挙人、有権者

Article 45

The term of office of members of the House of Representatives shall be four years. However, the term shall be terminated before the full term is up in case the House of Representatives is dissolved.

term of office
任期、在職期間

terminate　〜を打ち切る、
　〜を終わらせる

up　（期間などが）終わって

dissolve
　〜（議会など）を解散する

Article 46

The term of office of members of the House of Councillors shall be six years, and election for half the members shall take place every three years.

take place
　行なわれる、起こる

第 47 条

選挙区、投票方法など選挙に関する事項は、
両会とも法律によって決める。

第 48 条

誰であれ同時に両会の構成員となることはできない。

第 49 条

両会の構成員は、法律に従い、
国庫から妥当な額の年俸を支給される。

第 50 条

法律で定める場合を除き、
両会の構成員とも国会会期中は逮捕を免除される。
会期前に逮捕された構成員も、
会の要請があれば会期中は釈放される。

Article 47

Electoral districts, method of voting and other matters pertaining to the method of election of members of both Houses shall be fixed by law.

electoral district
選挙区

voting　投票

pertain to ~
　〜に関連する、
　〜に付随する

Article 48

No person shall be permitted to be a member of both Houses simultaneously.

permit ~ to do
　〜に…するのを許す

simultaneously
　同時に

Article 49

Members of both Houses shall receive appropriate annual payment from the national treasury in accordance with law.

appropriate
　妥当な、適切な

treasury　国庫

Article 50

Except in cases provided by law, members of both Houses shall be exempt from apprehension while the Diet is in session, and any members apprehended before the opening of the session shall be freed during the term of the session upon demand of the House.

exempt ~ from ...
　〜に…を免除する

apprehension　逮捕

in session　開会中で

free　〜を釈放する

第 51 条

両会の構成員とも、
議会内で行なった演説・討論・投票に関し
会外で責任を問われない。

第 52 条

通常国会は年に一度召集される。

第 53 条

内閣は臨時国会を召集する権限を持つ。
どちらかの会の全構成員の四分の一以上の
要請があった場合、そうした召集は義務となる。

Article 51

Members of both Houses shall not be held liable outside the House for speeches, debates or votes cast inside the House.

cast
～（票など）を投じる

Article 52

An ordinary session of the Diet shall be convoked once per year.

ordinary session
通常国会。
憲法正文では
「国会の常会」

convoke
～（会議・議会など）を
召集する

Article 53

The Cabinet may determine to convoke extraordinary sessions of the Diet. When a quarter or more of the total members of either House makes the demand, the Cabinet must determine on such convocation.

cabinet　内閣

extraordinary session
臨時国会。
憲法正文では
「国会の臨時会」

make a demand
要請する、要求する

第 54 条

代表者会が解散させられた場合、
解散日から 40 日以内に
代表者会構成員総選挙が行なわれねばならず、
選挙当日から 30 日以内に
国会が召集されねばならない。

(2) 代表者会が解散させられた場合、
評議員会も同時に閉会とする。
ただし、国家の緊急時には、
内閣は評議員会のみの緊急会合を
召集することができる。

(3) 前項ただし書きで挙げた
緊急会合において採られた措置は
暫定的なものであり、
次回国会の開会から 10 日以内に
代表者会が同意しないかぎり無効となる。

Article 54

When the House of Representatives is dissolved, there must be a general election of members of the House of Representatives within forty (40) days from the date of dissolution, and the Diet must be convoked within thirty (30) days from the date of the election.

When the House of Representatives is dissolved, the House of Councillors is closed at the same time. However, the Cabinet may in time of national emergency convoke the House of Councillors in emergency session.

Measures taken at such session as mentioned in the proviso of the preceding paragraph shall be provisional and shall become null and void unless agreed to by the House of Representatives within a period of ten (10) days after the opening of the next session of the Diet.

general election
　総選挙
　★election は「選挙」

dissolution
　(議会の) 解散

dissolve
　～ (議会など) を解散する

in time of ~　～の際に

measure　措置、手段

mention　～に言及する

proviso　ただし書き

preceding paragraph
　前項

provisional
　暫定的な、臨時の

null and void　無効の
　★null、void は同義で
　　「無効の」

第55条

両会とも、その構成員の資格に関する争いを
裁くものとする。
ただし、構成員の権利を剥奪するには、
出席構成員の三分の二以上の賛成により
決議案を可決する必要がある。

第56条

両会とも、全構成員の三分の一以上が
出席しなければ議事を行なえない。

（2）各会とも、憲法が別個に定める場合を除き、
議事はすべて出席構成員過半数の賛成により決める。
賛否同数の場合は議長が決める。

Article 55

Each House shall judge disputes related to qualifications of its members. However, in order to deny a seat to any member, it is necessary to pass a resolution by a majority of two-thirds or more of the members present.

dispute 紛争、争い

deny 〜（必要なものなど）を与えない

seat 議席

resolution 決議案

pass 〜を可決する

majority 過半数

two-thirds 三分の二

present 出席している

Article 56

Business cannot be transacted in either House unless one-third or more of total membership is present.

All matters shall be decided, in each House, by a majority of those present, except as elsewhere provided in the Constitution, and in case of a tie, the presiding officer shall decide the issue.

business 議事、議題

transact 〜（業務）を行なう

one-third 三分の一

elsewhere どこかほかの所で

tie 同数、引き分け

presiding officer 議長
 ★ presidingは「議長を務める」、officerは「委員、幹事」

第57条

各会とも、審議は公開で行なう。
ただし、出席構成員の三分の二以上が賛成して
その旨の決議案を可決した場合は、
非公開の会合を開いてもよい。

(2) 各会とも、議事録を作成する。
議事録は刊行し、一般に流通させるが、
非公開会合のなかの、
守秘が必要と判断された部分については
例外とする。

(3) 出席構成員の五分の一以上の
要請があった場合、
いかなる案件に関しても
投票結果を議事録に記載する。

Article 57

Deliberation in each House shall be public. However, a secret meeting may be held where a majority of two-thirds or more of those members present passes a resolution therefor.

Each House shall keep a record of proceedings. This record shall be published and given general circulation, excepting such parts of proceedings of secret session as may be deemed to require secrecy.

Upon demand of one-fifth or more of the members present, votes of the members on any matter shall be recorded in the minutes.

deliberation　審議、討議

(record of) proceedings
　　議事録、会議録

circulation
　　流通、(情報などの) 広まり

deem ~ to do
　　～を…すると判断する

secrecy　秘密を守ること

one-fifth　五分の一

第4章

第58条

各会はみずから議長などの役職者を選ぶ。

(2) 各会とも、会合・議事進行・内部規律に関し
それぞれ規則を作成し、
秩序を乱した構成員を罰することができる。
が、構成員を除名するには、
出席構成員の三分の二以上が賛成して
決議案を可決せねばならない。

Article 58

Each House shall select its own president and other officials.

Each House shall establish its rules pertaining to meetings, proceedings and internal discipline, and may punish members for disorderly conduct. However, in order to expel a member, a majority of two-thirds or more of those members present must pass a resolution thereon.

president　議長

internal discipline　内部規律

punish　〜を罰する

disorderly　秩序を乱す

conduct　行ない、行為

expel　〜を除名する

thereon　それに関して

第 59 条 🔊 10

憲法が特別に定める場合を除き、
法案は二会両方で可決されることで法律となる。

(2) 代表者会が可決した法案に関し、
評議員会が異なった判断を下した場合、
代表者会において出席構成員の三分の二以上が
賛成してふたたび可決すれば、法案は法律となる。

(3) 前項の規定は、代表者会が法律の定めに従って
両会合同協議会の召集を要求することを
妨げるものではない。

(4) 代表者会が可決した法案を評議員会が受理後、
休会期間を除き60日以内に議決を行なわない場合、
代表者会は評議員会が同法案を否決したものと
判断してよい。

Article 59

A bill becomes a law on passage by both Houses, except as otherwise provided by the Constitution.

A bill which is passed by the House of Representatives, and upon which the House of Councillors makes a decision different from that of the House of Representatives, becomes a law when passed a second time by the House of Representatives by a majority of two-thirds or more of the members present.

The provision of the preceding paragraph does not preclude the House of Representatives from calling for the meeting of a joint committee of both Houses, provided for by law.

Failure by the House of Councillors to take final action within sixty (60) days after receipt of a bill passed by the House of Representatives, time in recess excepted, may be determined by the House of Representatives to constitute a rejection of the said bill by the House of Councillors.

bill 法案、議案

passage 可決

otherwise 別の方法で、違ったふうに

第4章

provision 規定

preclude ~ from doing
 ~が…するのを妨げる

call for ~ ~を要求する

joint 合同の、共同の

committee
 委員会、協議会

failure to do
 ~しないこと、
 ~できないこと

take action 行動を取る、措置を講じる

in recess
 休会して、閉会して

constitute
 ~となる、~とみなされる

rejection 否決、却下

said 前述の

第 60 条

予算案はまず代表者会に提出せねばならない。

(2) 予算案を検討するにあたり、
評議員会が代表者会と異なる決定を下し、
法律が定めた両会合同協議会によっても
合意が得られない場合、
もしくは代表者会が可決した予算案を
評議員会が受理後、
休会期間を除き30日以内に議決を行なわない場合、
代表者会の決定が国会の決定となる。

第 61 条

前条第2項は、条約締<ruby>締<rt>てい</rt></ruby><ruby>結<rt>けつ</rt></ruby>に必要な
国会承認にも当てはまる。

Article 60

The budget must first be submitted to the House of Representatives.

Upon consideration of the budget, when the House of Councillors makes a decision different from that of the House of Representatives, and when no agreement can be reached even through a joint committee of both Houses, provided for by law, or in the case of failure by the House of Councillors to take final action within thirty (30) days, the period of recess excluded, after the receipt of the budget passed by the House of Representatives, the decision of the House of Representatives shall be the decision of the Diet.

budget　予算案

submit　～を提出する

consideration
　検討、審議

exclude　～を除く

Article 61

The second paragraph of the preceding article applies also to the Diet approval required for the conclusion of treaties.

conclusion
　（条約などの）締結

treaty　条約

第 62 条

各会は国政に関し調査を行なうことができ、
証人の出頭・証言、
および記録の提出を要求できる。

第 63 条

総理大臣と各国務大臣は、
会の構成員であるなしにかかわらず、
法案に関し発言する目的で、
いずれの会にもいつでも参加できる。
回答・説明のため出席を求められた場合は、
出席しなくてはならない。

Article 62

Each House may conduct investigations in relation to government, and may demand the presence and testimony of witnesses, and the production of records.

conduct　〜を行なう

investigation　調査

in relation to ~
　〜に関して

testimony　証言、供述

production　提示、提出

Article 63

The Prime Minister and other Ministers of State may, at any time, appear in either House for the purpose of speaking on bills, regardless of whether they are members of the House or not. They must appear when their presence is required in order to give answers or explanations.

regardless of ~
　〜にかかわらず

presence　出席

第 64 条

裁判官の罷免手続きが開始された場合、
国会はこの裁判官を裁判する目的で
両会の構成員から成る弾劾法廷を設ける。

（2）弾劾に関する事項は法律によって定める。

Article 64

The Diet shall set up an impeachment court from among the members of both Houses for the purpose of trying those judges against whom removal proceedings have been instituted.

Matters relating to impeachment shall be provided by law.

set up ~ 〜を設ける

impeachment court
　弾劾法廷。
　憲法正文では
　「弾劾裁判所」
　★impeachmentは
　　「弾劾、告発」

try 〜を裁判にかける

removal 解任、免職

proceeding
　法的手続き、訴訟

institute
　〜（訴訟など）を起こす

🔊 11

内閣

（第 65 条～第 75 条）

第 65 条

内閣には、法律に従い国政を執行する権利を与える。

第 66 条

内閣は法律の定めに従い、その長となる総理大臣と、
その他の各国務大臣から成る。

(2) 総理大臣と各国務大臣は、
軍人であってはならない。

(3) 内閣は国政を執行する権利を行使するにあたり、
内閣全体として国会に対し責任を負う。

CHAPTER V

🔊 28

THE CABINET

Article 65

Executive power shall be vested in the Cabinet.

executive power
国政を執行する権利。
憲法正文では「行政権」

vest
〜を与える、〜を授ける

Article 66

The Cabinet shall consist of the Prime Minister, who shall be its head, and other Ministers of State, as provided for by law.

The Prime Minister and other Ministers of State must be civilians.

The Cabinet, in the exercise of executive power, shall be collectively responsible to the Diet.

consist of ~ 〜から成る

provided (for) by ~
〜によって定められた

civilian
文民、軍人でない人

exercise
（権利などの）行使

collectively 集合的に

responsible to ~
〜に対して責任を負う

第5章

第 67 条

総理大臣は国会の決議により
国会構成員のなかから指名される。
この指名は、ほかのあらゆる議事に先立つものとする。

(2) 代表者会と評議員会が合意を見ず、
法律が定めた両会合同協議会によっても
合意に達しない場合、
もしくは代表者会が指名を行なったのち
評議員会が休会期間を除き10日以内に指名しない場合、
代表者会の決定が国会の決定となる。

第 68 条

総理大臣は各国務大臣を任命する。
ただし、国務大臣の過半数は
国会構成員から選ばねばならない。

(2) 総理大臣は任意に国務大臣を解任できる。

Article 67

The Prime Minister shall be designated from among the members of the Diet by a resolution of the Diet. This designation shall precede all other business.

If the House of Representatives and the House of Councillors disagree and if no agreement can be reached even through a joint committee of both Houses, provided for by law, or the House of Councillors fails to make designation within ten (10) days, exclusive of the period of recess, after the House of Representatives has made designation, the decision of the House of Representatives shall be the decision of the Diet.

designate　〜に指名する

resolution　決議

designation　指名

precede　〜に先立つ

fail to do
　〜し損なう、〜できない

exclusive of ~
　〜を除いて

Article 68

The Prime Minister shall appoint the Ministers of State. However, a majority of their number must be chosen from among the members of the Diet.

The Prime Minister may remove the Ministers of State as he chooses.

appoint　〜を任命する

第69条

代表者会が不信任案を可決するか、
信任案を否決した場合、
代表者会が10日以内に解散させられないかぎり、
内閣は総辞職する。

第70条

総理大臣の座が空白となった場合、
もしくは代表者会総選挙後初の国会召集時に、
内閣は総辞職する。

Article 69

If the House of Representatives passes a non-confidence resolution, or rejects a confidence resolution, the Cabinet shall resign en masse, unless the House of Representatives is dissolved within ten (10) days.

non-confidence resolution
不信任案。
憲法正文では
「不信任の決議案」

confidence resolution
信任案。
憲法正文では
「信任の決議案」

resign en masse
総辞職する
★ resign は
「辞職する、退陣する」、
en masse
（フランス語由来）は、
「全体として、全員で」

dissolve
〜（議会など）を解散する

Article 70

When there is a vacancy in the post of Prime Minister, or upon the first convocation of the Diet after a general election of members of the House of Representatives, the Cabinet shall resign en masse.

vacancy　欠員、空位

convocation
（大きな会議などの）召集

第5章

第71条

前二条に挙げた事例において、
新たな総理大臣が任命されるまで、
内閣はその職務を継続して行なう。

第72条

総理大臣は内閣を代表して、議案を提出し、
国事・外交全般に関して国会に報告し、
種々の行政部門を管理・監督する。

Article 71

In the cases mentioned in the two preceding articles, the Cabinet shall continue its functions until the time when a new Prime Minister is appointed.

function
職務、任務、役割

Article 72

The Prime Minister, representing the Cabinet, submits bills, reports on general national affairs and foreign relations to the Diet and exercises control and supervision over various administrative branches.

represent ～を代表する

national affairs
国事、国務

supervision 監督

administrative 行政の

branch 部局

第5章

第73条

内閣は行政職務一般に加えて、以下の職務を遂行する。

1　法律を忠実に執行し、国事を行なう。
2　外交を運営する。
3　条約を締結する。
　　ただし、その際は事前に、
　　もしくは事情によっては事後に、
　　国会の承認を得るものとする。
4　法律により作成された基準に従い、
　　公務員を管理する。
5　予算を立案し、国会に提示する。

↓

Article 73

The Cabinet, in addition to other general administrative functions, shall perform the following functions:

Administer the law faithfully; conduct affairs of state.

Manage foreign affairs.

Conclude treaties. However, it shall obtain prior or, depending on circumstances, subsequent approval of the Diet.

Administer the civil service, in accordance with standards established by law.

Prepare the budget, and present it to the Diet.

administer
　〜を執り行なう、
　〜を管理する

faithfully
　忠実に、誠実に

conduct　〜を行なう

affairs of state　国事

manage　〜を運営する、
　〜を管理する

foreign affairs　外交

conclude　〜を締結する

obtain　〜を得る

prior　事前の、先の

circumstances
　事情、状況

subsequent
　その後の、続いて起こる

civil service
　（集合的に）公務員

prepare　〜を作成する、
　〜を立案する

present　〜を提示する

↓

6 この憲法の諸条項、
　および法律の諸条項を施行<ruby>し<rt>　こう</rt></ruby>するために
　内閣命令を制定する。
　ただし、それら政令に、
　当該の法律が認めている場合を除き、
　刑罰上の条項を盛り込むことはできない。
7 大赦、特赦、減刑、刑執行免除または延期、
　権利の回復を決める。

Enact cabinet orders in order to execute the provisions of this Constitution and of the law. However, it cannot include penal provisions in such cabinet orders unless authorized by such law.

Decide on general amnesty, special amnesty, commutation of punishment, reprieve, and restoration of rights.

enact
 ～（法律）を制定する

cabinet order　内閣命令。
 憲法正文では「政令」

execute　～を施行する

provision　条項、規定

penal　刑の、刑事上の

authorize
 ～に権限を与える

general amnesty　大赦

special amnesty　特赦

commutation of
punishment
 減刑

reprieve　（特に死刑の）
 執行免除・延期

restoration　回復、復旧

第5章

第74条

法律と内閣命令はすべて、
法的能力を有する国務大臣が署名し、
総理大臣が連署しなければならない。

第75条

国務大臣は在職期間中、
総理大臣の同意がないかぎり訴追を免れる。
ただし、これによって訴追する権利そのものが
損なわれはしない。

Article 74

All laws and cabinet orders shall be signed by the competent Minister of State and countersigned by the Prime Minister.

competent
法的権限のある

countersign
～に連署する

Article 75

The Ministers of State, during their tenure of office, shall not be subject to legal action without the consent of the Prime Minister. However, the right to take that action is not impaired hereby.

tenure　在職期間

subject to ~
～の対象となる

legal action　訴追、訴訟

impair　～を損なう

hereby
これをもって、
これによって

第5章

司法

（第76条～第82条）

第76条

司法権はその全体が、最高裁判所と、
法律により設置された下級裁判所に与えられている。

（2）特別裁判所の設置はいっさい認めない。
また、いかなる行政機関・組織にも最終的な
司法権は与えない。

（3）裁判官はすべて、良心を行使するにあたって
独立を保ち、この憲法と諸法律以外の何ものにも
束縛されない。

JUDICIARY

Article 76

The whole judicial power is vested in a Supreme Court and in such inferior courts as are established by law.

No extraordinary tribunal shall be established, nor shall any organ or agency of the Executive be given final judicial power.

All judges shall be independent in the exercise of their conscience and shall be bound only by this Constitution and the laws.

judiciary　司法（制度）

judicial power　司法権
　★judicialは「司法の」

Supreme Court
　最高裁判所
　★supremeは「最高の」、
　　courtは
　　「裁判所、法廷」

inferior court
　下級裁判所
　★inferiorは
　　「下級の、下位の」

extraordinary tribunal
　特別裁判所

agency
　（政府などの）機関

the Executive
　行政機関、行政府

第6章

第77条

最高裁判所には規則を作る権限が与えられ、
最高裁判所はそれにもとづき、
訴訟の手続きと実行に関する規則を決定し、
また、弁護士、裁判所の内部規律、
司法業務の遂行に関する規則を決定する。

(2) 検察官は、最高裁判所が規則を作る
権限に従う。

(3) 最高裁判所は
下級裁判所に関する規則を作る権限を、
当該の下級裁判所に委ねてもよい。

Article 77

The Supreme Court is vested with the rule-making power under which it determines the rules of procedure and of practice, and of matters relating to attorneys, the internal discipline of the courts and the administration of judicial affairs.

Public procurators shall be subject to the rule-making power of the Supreme Court.

The Supreme Court may delegate the power to make rules for inferior courts to such courts.

rule-making
規則を定める

determine ～を決定する

procedure 手続き、手順

attorney 弁護士

internal discipline
内部規律

administration
執行、実行、実施

judicial affairs
司法業務、司法事務

procurator 検察官

subject to ～
～ (法律などの)
影響下にある、
～に従わなければ
ならない

delegate
～を委ねる、～を委任する

第78条

裁判官は公に弾劾された場合を除き罷免されない。

ただし、精神的・肉体的に公務を執行する

適性を欠くと司法上宣告された場合は例外とする。

裁判官はいかなる行政上の機関・組織からも

懲戒処分を被らない。

Article 78

Judges shall not be removed except by public impeachment unless judicially declared mentally or physically incompetent to perform official duties. No disciplinary action against judges shall be administered by any executive organ or agency.

impeachment
弾劾、告発

judicially 司法上

declare ～を宣言する

mentally 精神的に

physically 身体的に

incompetent to do
～する能力のない

disciplinary action
懲戒処分
★disciplinaryは
「懲戒の」

第6章

第79条

最高裁判所は首席裁判官一人と、
法律が決定する数の裁判官から成るものとする。
首席裁判官を除き、裁判官は内閣が任命する。

（2）最高裁判所裁判官の任命は、
任命後最初の代表者会総選挙の際に
人びとの審査を受け、
10年を経たのち最初の代表者会総選挙において
ふたたび審査を受け、その後も同様の手続きを踏む。

（3）前項で挙げた事例において、
投票者の過半数が解任を支持した場合、
裁判官は解任される。

（4）審査に関する事項は、法律によって規定する。

（5）最高裁判所裁判官は、
法律が決めた年齢に達した時点で任を退く。

（6）最高裁判所裁判官はみな、
定められた一定間隔を置いて
妥当な額の報酬を支給される。
報酬は在職中減額されない。

Article 79

The Supreme Court shall consist of a Chief Judge and such number of judges as may be determined by law; all such judges excepting the Chief Judge shall be appointed by the Cabinet.

The appointment of the judges of the Supreme Court shall be reviewed by the people at the first general election of members of the House of Representatives following their appointment, and shall be reviewed again at the first general election of members of the House of Representatives after a lapse of ten (10) years, and in the same manner thereafter.

In cases mentioned in the foregoing paragraph, when the majority of the voters favors the dismissal of a judge, he shall be dismissed.

Matters pertaining to review shall be prescribed by law.

The judges of the Supreme Court shall be retired upon the attainment of the age as fixed by law.

All such judges shall receive, at regular stated intervals, adequate compensation which shall not be decreased during their terms of office.

appoint　〜を任命する

review　〜を再検討する、〜を見直す

lapse　（時間の）経過

thereafter　その後、それ以降

foregoing　前の、先行の

favor　〜を支持する、〜に賛成する

pertaining to ~　〜に関する

prescribe　〜を規定する

attainment　到達

stated　定まった、公式の

adequate　適正な、適切な

compensation　報酬、給与

decrease　〜を減少させる

第6章

第80条

下級裁判所裁判官は、
最高裁判所が指名した候補者名簿から内閣が任命する。
下級裁判所裁判官はすべて10年の任期で在職し、
再任の権利を有するが、
法律が決めた年齢に達した時点で任を退く。

（2）下級裁判所裁判官は、
定められた一定間隔を置いて
妥当な報酬を支給される。
報酬は在職中減額されない。

第81条

最高裁判所は最後の頼りたる裁判所であり、
あらゆる法律、命令、規則、
行政行為の合憲性を決定する権限を持つ。

Article 80

The judges of the inferior courts shall be appointed by the Cabinet from a list of persons nominated by the Supreme Court. All such judges shall hold office for a term of ten (10) years with privilege of reappointment, provided that they shall be retired upon the attainment of the age as fixed by law.

The judges of the inferior courts shall receive, at regular stated intervals, adequate compensation which shall not be decreased during their terms of office.

Article 81

The Supreme Court is the court of last resort with power to determine the constitutionality of any law, order, regulation or official act.

nominate　～を指名する

hold office
　（職務を）務める

privilege　特権

reappointment　再任

provided that ~
　～という条件で

第6章

last resort　最後の手段
　★ resortは
　　「手段、頼みの綱」

constitutionality
　合憲性

regulation　規則、規定

第 82 条

審理は公開の場で行なわれ、
判決も公開の場で宣告される。

(2) 公表すると公的秩序・道徳が危険にさらされると
裁判官が全員一致で決定した場合、
審理は非公開で行なうことができるが、
政治犯、報道をめぐる犯罪、
もしくはこの憲法の第3章で保障された
人びとの権利が争点となっている件については、
つねに公開の場で行なうものとする。

Article 82

Trials shall be conducted and judgment declared publicly.

Where a court unanimously determines publicity to be dangerous to public order or morals, a trial may be conducted privately, but trials of political offenses, offenses involving the press or cases wherein the rights of people as guaranteed in Chapter III of this Constitution are in question shall always be conducted publicly.

trial　審理、裁判

conduct　～を行なう

judgment　判決

unanimously
　全員一致で、満場一致で

publicity　公開

offense　犯罪、違法行為

involving ~　～に関する

in question
　問題になっている

法律文書を訳すこと | 柴田元幸

　ふだんは現代アメリカ小説を訳すことが多い人間が、法律文書を訳すと、どのくらい違いを感じるか。いや、そりゃもうぜんぜん違うんです、となれば話は面白いのだろうが、実は「そんなに変わりません」。訳者としては、とにかく、原文に書いてあることを、なるべくノイズなしに伝える、ということに尽きるのである。

　ただまあ、対談でも触れたとおり（⇨ p. 148）、第9条や第97条のように、法律文書「らしくない」言葉遣いに出くわすと、「おお、文学的」とつい嬉しくなってしまったことは確かである。やはり、法律文書らしい文章は、いわゆる「正確さを期す」という度合いが高く、表現にそれほど選択の余地がなく、ふだん使っている筋肉をいまひとつ使わせてもらえない気がほんのちょっとしたということは、まあ、ある。それでも、条から条へ移っていくなかで微妙な息づかい、リズムのようなものも往々にして感じられたこともまた確かである。

　この本のために作ったのは、いわば日本国憲法正文の「オルタナティブ」だが、べつに既成の正文のスタイルを批判しようというつもりはない。一部で悪名高い「学問の自由は、これを保障する」等々独特の「これ語法」にしても、内容をきっちり伝えたいという熱意のようなものの表われと僕には感じられて好感が持てる。理想的には、読者の皆さんが「本物」の日本国憲法正文（p. 168以降に載っています！）に戻ってくださったときに、この「オルタナティブ　日本の憲法」は役目を果たしたことになるのだと思う。

　最後に、目下の my favorite article を正文で引用する。「天皇又は摂政及び国務大臣、国会議員、裁判官その他の公務員は、この憲法を尊重し擁護する義務を負ふ」（第99条）。

日本の憲法をよむ Ⅲ

財政

（第 83 条〜第 91 条）

第 83 条

国の財政を執行する権限は、
国会の決定に従って行使される。

第 84 条

新税の導入や、既存の税の修正を、
法律によらずに、
また法律が規定する条件に従わずに
行なってはならない。

第 85 条

国会の承認がなければ
いかなる国費も支出されず、
国家が支払い義務を負うこともない。

FINANCE

■)) 30

Article 83

The power to administer national finances shall be exercised as the Diet shall determine.

exercise
〜（権利など）を行使する

Article 84

No new taxes shall be imposed or existing ones modified except by law or under such conditions as law may prescribe.

impose
　〜（税・罰金・条件など）を課する

existing　既存の、現存する

modify
　〜を修正する、〜を変更する

prescribe
　〜を規定する、〜を定める

Article 85

No money shall be expended, nor shall the State obligate itself, except as authorized by the Diet.

expend　〜に費やす

obligate oneself
　みずからに義務を課す

authorize
　〜を許可する、
　〜に権限を与える

第 86 条

内閣は財政年度ごとの予算を立案し、
国会に提出して審議・決定を仰ぐ。

第 87 条

予算における不可測の不足に対応するため、
国会が予備資金を承認し、
内閣がみずからの責任において支出することができる。

(2) 内閣はすべての予備資金支出に関し、
国会の事後承認を得なくてはならない。

第 88 条

皇室の財産はすべて国家に属す。
皇室の出費はすべて国会が予算から充当する。

Article 86

The Cabinet shall prepare and submit to the Diet for its consideration and decision a budget for each fiscal year.

fiscal year　財政年度。
憲法正文では
「会計年度」
★ fiscalは「会計の」

Article 87

In order to provide for unforeseen deficiencies in the budget, a reserve fund may be authorized by the Diet to be expended upon the responsibility of the Cabinet.

The Cabinet must get subsequent approval of the Diet for all payments from the reserve fund.

provide for ~
　～に備える

unforeseen
　予期しない、
　思いがけない

deficiency　不足、欠乏

reserve fund
　予備資金、予備費

upon(on) the
responsibility of ~
　～の責任において

Article 88

All property of the Imperial Household shall belong to the State. All expenses of the Imperial Household shall be appropriated by the Diet in the budget.

the Imperial Household
　皇室

appropriate　～を充当する

第89条

公金をはじめとするいっさいの公的財産は、
いかなる宗教組織・団体の使用・利益・維持にも、
また公的権力の管理下にない
いかなる義援・教育・慈善事業にも
支出・充当されてはならない。

第90条

国家の支出・収入の最終報告は
年度ごとに会計検査院の検査を受け、
該当年度の翌年度内に検査報告とともに
内閣が国会に提出する。

(2) 会計検査院の組織・権能は
法律によって決定する。

第91条

一定の間隔を置き、かつ最低年に一度、
内閣は国会と人びとに国家財政の状況について
報告するものとする。

Article 89

No public money or other property shall be expended or appropriated for the use, benefit or maintenance of any religious institution or association, or for any charitable, educational or benevolent enterprises not under the control of public authority.

maintenance　維持

institution　施設、組織

charitable
　義援的な、慈善的な

benevolent　慈善の、善意の

public authority　公的権力

Article 90

Final accounts of the expenditures and revenues of the State shall be audited annually by a Board of Audit and submitted by the Cabinet to the Diet, together with the statement of audit, during the fiscal year immediately following the period covered.

The organization and competency of the Board of Audit shall be determined by law.

final accounts　年次決算

expenditure　支出、歳出

revenue　収入、歳入

audit
　～（会計・帳簿）を検査する、
　～を監査する

Board of Audit
　会計検査院
　★boardは
　　「会議、委員会」

statement　報告書、明細書

competency　法的権限

Article 91

At regular intervals and at least annually the Cabinet shall report to the Diet and the people on the state of national finances.

at regular intervals
　定期的に

◀)) 14

地方自治体

（第 92 条〜第 95 条）

第 92 条

地方公共団体の組織・運営に関する条例は、
地方自治の理念に従い法律で決める。

第 93 条

地方公共団体は、法律に従って
みずからの審議機関として議会を設ける。

(2) すべての地方公共団体の最高責任者、
その議会の構成員、
また法律が決めるその他の役職者は、
めいめいの共同体内で
住民の直接投票によって選ばれる。

CHAPTER VIII

🔊 31

LOCAL SELF-GOVERNMENT

第8章

Article 92

Regulations concerning organization and operations of local public entities shall be fixed by law in accordance with the principle of local autonomy.

concerning ~
　～についての、
　～に関しての

operation
　活動、業務、運営

entity　組織、団体

in accordance with ~
　～にもとづいて、
　～に従って

principle　原理、原則

Article 93

The local public entities shall establish assemblies as their deliberative organs, in accordance with law.

The chief executive officers of all local public entities, the members of their assemblies, and such other local officials as may be determined by law shall be elected by direct popular vote within their several communities.

assembly　議会、集会

deliberative
　審議の、討議の

chief executive officer
　最高責任者

popular vote　一般投票

several　それぞれの

第94条

地方公共団体は、みずからの財産・業務・施政を
管理する権利、また法律の範囲内において
独自の条例を制定する権利を持つ。

第95条

特定の地方公共団体にのみ適用される
特別な法律を国会が制定する場合は、
法律に従って当該の地方公共団体の
有権者の過半数の同意を得なければならない。

Article 94

Local public entities shall have the right to manage their property, affairs and administration and to enact their own regulations within law.

affair 業務、仕事

administration 行政

Article 95

A special law, applicable only to one local public entity, cannot be enacted by the Diet without the consent of the majority of the voters of the local public entity concerned, obtained in accordance with law.

applicable to ~
  ～に適用できる、
  ～に効力がある

concerned
  関係している、該当する

obtain
  ～を得る、～を獲得する

第8章

🔊 15

改正

（第 96 条）

第 96 条

この憲法を改正するには、両会それぞれにおいて
全構成員の三分の二以上の賛成を得たのち、
国会が発議し、人びとが承認するものとする。
承認には、特別に行なわれる国民投票、
もしくは国会の定める選挙において、
過半数の賛成が必要である。

(2) 以上の手続きで承認された改正は、
すみやかに天皇により、人びとの名において、
この憲法の不可欠な条項として公布される。

AMENDMENTS

🔊 32

Article 96

Amendments to this Constitution shall be initiated by the Diet, through a concurring vote of two-thirds or more of all the members of each House and shall thereupon be submitted to the people for ratification, which shall require the affirmative vote of a majority of all votes cast thereon, at a special referendum or at such election as the Diet shall specify.

Amendments when so ratified shall immediately be promulgated by the Emperor in the name of the people, as an integral part of this Constitution.

amendment
（法律などの）
改正、修正（条項）

initiate　～を始める

concur　同時に起こる

thereupon
そこでただちに
　★3行下のthereonも
　　同じ意味

ratification　承認、批准

affirmative　肯定的な

cast　～（票など）を投じる

referendum　国民投票

specify　～を明記する

ratify　～を承認する、
　～を批准する

promulgate
　～を発布する

in the name of ~
　～の名において

integral　不可欠な

第9章

🔊 16

最高の法

（第 97 条～第 99 条）

第 97 条

この憲法が日本の人びとに保障する基本的人権は、
長年にわたり人間が自由を求めて
努力してきた果実である。
数々の厳しい試練をくぐり抜けて
これら基本的人権は
その耐久性を証明してきたのであり、
この世代、そして未来の世代に、
未来永劫、不可侵のものとして託される。

SUPREME LAW

Article 97

The fundamental human rights by this Constitution guaranteed to the people of Japan are fruits of the age-old struggle of man to be free; they have survived the many exacting tests for durability and are conferred upon this and future generations in trust, to be held for all time inviolate.

supreme　最高の

fundamental human rights
　基本的人権

age-old　長年にわたる

struggle　努力、苦闘

survive
　〜をくぐり抜ける、
　〜から生き延びる

exacting　厳しい、過酷な

durability　耐久性、永続性

confer ~ on(upon) ...
　〜を…に与える

inviolate　侵されない

第10章

第98条

この憲法は国家の最高法である。
いかなる法律・命令・天皇の詔勅、
その他政府の行為あるいはそのいかなる部分も、
この憲法の規定に反するかぎり、
法的効力・有効性を持たない。

（2）日本が締結した条約、
確立された国際法は忠実に守らねばならない。

第99条

天皇もしくは摂政、また各国務大臣、
国会構成員、裁判官、そのほか公務員はすべて、
この憲法を尊び、支持する義務を負う。

Article 98

This Constitution shall be the supreme law of the nation and no law, ordinance, imperial rescript or other act of government, or part thereof, contrary to the provisions hereof, shall have legal force or validity.

The treaties concluded by Japan and established laws of nations shall be faithfully observed.

ordinance　命令

imperial rescript
　天皇の詔勅

contrary to ~
　~に反する

provision　規定、条項

validity　有効性、合法性

conclude　~を締結する

laws of nations　国際法

observe
　~（法律・契約など）を
　守る

Article 99

The Emperor or the Regent as well as Ministers of State, members of the Diet, judges, and all other public officials have the obligation to respect and uphold this Constitution.

regent　摂政

obligation　義務

uphold　~を支持する

第
10
章

第11章

補足条項

（第100条〜第103条）

第100条

この憲法は公布日から数えて
六か月が経過した日から施行する。

（2）この憲法の施行に必要な法律の制定、
評議員会構成員の選挙、国会召集の手続き、
その他この憲法の施行に必要な準備手続きは、
前項で規定された日より前に実行してよい。

CHAPTER XI

🔊 34

SUPPLEMENTARY PROVISIONS

Article 100

This Constitution shall be enforced as from the day when the period of six months will have elapsed counting from the day of its promulgation.

The enactment of laws necessary for the enforcement of this Constitution, the election of members of the House of Councillors and the procedure for the convocation of the Diet and other preparatory procedures necessary for the enforcement of this Constitution may be executed before the day prescribed in the preceding paragraph.

supplementary 補足の

provision 条項、規定

enforce ～を施行する

elapse 経過する、経つ

promulgation 公布、発布

enactment 制定、立法

enforcement 施行

election 選挙

procedure 手続き

convocation （大きな会議などの）召集

preparatory 準備の

execute ～を実行する、 ～を遂行する

prescribe ～を規定する

第11章

第 101 条

この憲法の発効日までに
評議員会が設置されない場合、
設置されるまでは代表者会が
国会としての職務を果たす。

第 102 条

この憲法の下で最初の任期を務める
評議員会構成者の半数の任期は三年とする。
どの構成員がこの範疇^{はん ちゅう}に入るかは、
法律に従って決定する。

Article 101

If the House of Councillors is not constituted before the effective date of this Constitution, the House of Representatives shall function as the Diet until such time as the House of Councillors shall be constituted.

constitute
～（政府・機関など）を設置する

effective date　発効日

function
職務（機能）を果たす

Article 102

The term of office for half the members of the House of Councillors serving in the first term under this Constitution shall be three years. Members falling under this category shall be determined in accordance with law.

serve
（任期や職などを）務める

fall under ~
～の分類に入る

第 103 条

この憲法の発効日に在職中の各国務大臣、
代表者会構成員、裁判官、
その他この憲法によって認められる地位に
対応する地位を現在占めているすべての公務員は、
法律によって特記されていないかぎり、
この憲法の施行によって自動的に
その地位を失うことはない。
ただし、この憲法の条項に従って
後任が選出または任命されたあかつきには、
ただちにその地位を失う。

Article 103

The Ministers of State, members of the House of Representatives and judges in office on the effective date of this Constitution, and all other public officials who occupy positions corresponding to such positions as are recognized by this Constitution shall not forfeit their positions automatically on account of the enforcement of this Constitution unless otherwise specified by law. When, however, successors are elected or appointed under the provisions of this Constitution, they shall forfeit their positions as a matter of course.

in office
在職中で、在任中で

occupy
～（地位など）を占める

corresponding to ～
～に相当する、
～に一致する

recognize　～を認める

forfeit　～を失う

on account of ～
～が理由で

successor
後任者、後継者

as a matter of course
当然として

日本国憲法が成立するまで

木村草太

　日本が作った初めての近代憲法は、1889年2月に公布された「大日本帝国憲法」、いわゆる「明治憲法」です。天皇制や内閣という行政組織は明治憲法以前もありましたから、この憲法の持つ意味は、議会を設置したことにあります。この憲法で、天皇と議会の関係や裁判所の位置付けが整理され、国家体制の基本が作られたのです。

　そして日本は、太平洋戦争に突入。1945年にアメリカ、イギリス、中国から、日本降伏の条件を提示したポツダム宣言を突きつけられます。

　当時のアメリカ国務省には知日派がおり、日本がある程度の民主主義国家であったことは理解されていました。好戦的な国になってはいたものの、帝国議会があり、明治デモクラシーや大正デモクラシーの中で民主主義の盛り上がりも経験している、そういう認識でした。

　降伏の条件としてアメリカは、日本に民主主義を復活させ

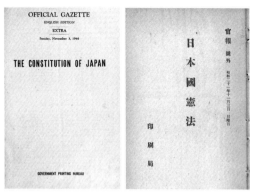

日本国憲法は、1946年11月3日の官報号外と英文官報号外を通じて公布された（名古屋大学大学院法学研究科よりデジタル資料としてHPにて公開）

たいと考えました。また、人権を尊重する国家としての改革を求め、それらを条件として提示したポツダム宣言が出されたのです。日本はこれを受諾しました。

　受諾後、日本はまず、自分たちで憲法草案を作りました。松本烝治国務大臣率いる憲法問題調査委員会、通称「松本委員会」による「松本委員会試案」です。この内容が、毎日新聞のスクープによりGHQの知るところになります。松本委員会試案では、ポツダム宣言で求めた内容を実現するのに不十分だと考えたマッカーサーらGHQが1946年2月に作ったのが、いわゆる「GHQ草案」です。

　GHQ草案はすべて英語でしたから、日本はまず日本語への翻訳を行ないました。GHQ草案の翻訳は漢文調で、「皇帝ハ国家ノ象徴ニシテ又人民ノ統一ノ象徴タルヘシ」「集会、言論及定期刊行物並ニ其ノ他一切ノ表現形式ノ自由ヲ保障ス検閲ハ之ヲ禁シ通信手段ノ秘密ハ之ヲ侵ス可カラス」などの

日本国憲法　署名原本
（国立公文書館所蔵、毎日新聞社提供）

固い表現でした。しかし、「せっかく新しい憲法を作るなら、国民に分かりやすい方がよいだろう」ということで、口語体で政府案を作ることになりました。

　また、GHQ草案を作ったスタッフには、法律の専門家ではない人も多かったため、立法として不十分なところがありました。また、日本の法律の条文としてはそぐわない表現もあったので、これらを整えるため、翻訳に加えて「調整」と称した日本ふうのアレンジをしていきました。こうしてできたのが、政府案です。これをもとに、明治憲法の改正手続きを踏みました。

　明治憲法の改正は、枢密院、貴族院、衆議院の三院で承認を得る必要がありました。3分の2以上が出席して過半数の賛成が必要です。圧倒的多数の賛成により憲法改正が成立し、1946年11月3日に公布されました。

1945年	7月26日	米英中が「ポツダム宣言」を発表
	8月14日	日本、ポツダム宣言受諾
	8月15日	終戦の詔書を放送（玉音放送）
	8月17日	東久邇稔彦内閣が発足
	8月30日	マッカーサー連合国最高司令官、厚木に到着
	9月2日	東京湾の米戦艦ミズーリ号にて、降伏文書に調印
	10月4日	GHQ（General Headquarters：連合国最高司令官総司令部）が「自由の指令」を発令。マッカーサーが、当時の国務大臣・近衛文麿に憲法改正を示唆
	10月9日	幣原喜重郎内閣が発足
	10月11日	マッカーサーが、幣原首相に「憲法の自由主義化」を示唆
	10月25日	憲法問題調査委員会（松本烝治委員長。通称「松本委員会」）設置
	11月22日	近衛文麿、昭和天皇に「帝国憲法改正要綱」を奉答
	12月17日	近衛文麿、服毒自殺
	12月26日	民間グループの憲法研究会、「憲法草案要綱」を発表

1945年8月30日、厚木飛行場に降り立ったマッカーサー（毎日新聞社提供）

1946年		
	1月1日	昭和天皇、「人間宣言」を行なう
	1月9日	松本による私案が、松本委員会の小委員会に提出される
	1月24日	幣原首相がマッカーサーと会談（天皇制存続と戦争放棄について話し合う）
	2月1日	毎日新聞、「松本委員会試案」のスクープ記事掲載
	2月3日	マッカーサーが三原則（天皇を元首とする、戦争を放棄する、封建制度を廃止する）を示し、民生局にGHQ草案の作成を指示
	2月8日	日本政府、GHQに「憲法改正要綱」を提出
	2月13日	GHQが「憲法改正要綱」を拒否。日本側にGHQ草案を提示
	2月26日	閣議にて、GHQ草案にもとづく日本案の起草を決定
	3月6日	日本政府、GHQとの協議にもとづいた「憲法改正草案要綱」を発表
	3月10日	衆議院議員総選挙公示
	4月10日	新選挙法による第22回衆議院議員総選挙施行
	4月17日	日本政府、ひらがな口語体の「憲法改正草案」を発表

文部省が作成した、第22回衆議院議員総選挙のポスター（国立国会図書館所蔵）

1946年		
	4月22日	幣原内閣総辞職
	5月3日	極東国際軍事裁判（いわゆる「東京裁判」）開廷
	5月15日	金森徳次郎、憲法担当の国務大臣に任命される
	5月16日	第90回帝国議会が召集される
	5月19日	食糧メーデー（約25万人参加）
	5月22日	第一次吉田茂内閣発足
	6月8日	憲法改正草案、枢密院本会議にて、賛成多数で可決
	6月25日	帝国憲法改正案、衆議院本会議に上程される
	7月1日	帝国憲法改正案委員会（芦田均委員長）、審議開始
	7月23日	修正案作成のために、帝国憲法改正案委員会内に小委員会を設置。各派共同で懇談会形式で検討

1946年		
	8月21日	帝国憲法改正案委員会、小委員会の共同修正案を可決
	8月24日	衆議院本会議において、賛成421票、反対8票の圧倒的多数で可決
	8月26日	帝国憲法改正案、貴族院本会議に上程される
	9月2日	帝国憲法改正案特別委員会（安倍能成委員長）、審議開始
	9月28日	修正案作成のために、帝国憲法改正案特別委員会内に小委員会を設置
	10月3日	帝国憲法改正案特別委員会、小委員会の修正案を可決
	10月6日	帝国憲法改正案、貴族院本会議において、賛成多数で可決
	10月7日	帝国憲法改正案、衆議院本会議において、圧倒的多数で可決
	10月12日	枢密院にて審査始まる
	10月29日	枢密院、全員一致（2名の欠席者除く）で可決

1946年10月30日、日本国憲法を裁可し、署名する昭和天皇（毎日新聞社提供）

1946年11月3日の英文官
報号外に掲載された日本国
憲法英語版（名古屋大学大
学院法学研究科よりデジタ
ル資料としてHPにて公開）

	11月3日	天皇の裁可を経て、日本国憲法が公布される
	12月1日	日本国憲法の精神を広める目的で、憲法普及会（芦田均会長）が発足。小冊子を2000万部配布したり、講演会を行なうなどの啓もう活動を進める
1947年	5月3日	日本国憲法施行。皇居前広場で記念式典が開かれ、各地で記念講演会が催される

憲法公布記念都民大会での
昭和天皇と香淳皇后（毎日
新聞社提供）

柴田元幸×木村草太 対談

英語からみた「日本の憲法」

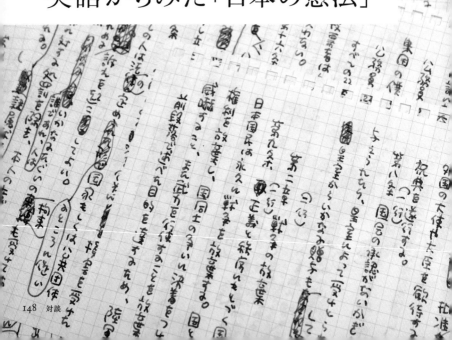

「宇宙人の視点」で「日本国憲法英語版」を訳す

木村　今回の本で、柴田先生は「日本国憲法英語版」を現代語に翻訳されています。日本国憲法英語版とは、1946年11月に官報を通じて公布された「日本国憲法」を英訳したもので、英文官報に掲載されました。

　日本国憲法のもととなったGHQ草案は英語で書かれていますが、これはあくまでも草案です。GHQ案をそのまま日本語に訳して日本国憲法ができたわけではなく、日本ふうのアレンジをして、今の日本国憲法が完成したのです。GHQ草案にはまったくなかった条文もありますし、帝国議会で議論される中で修正されたところもあります。

　当時の日本はGHQの占領下でしたので、官報は日本語と英語、両方で出されていました。そのため、英文官報にも載せる必要があって、日本国憲法が英訳された。これが日本国憲法英語版（以下「英語版」）です。

　GHQの了承を得ないと官報は出せません。ですから、日本国憲法英語版は、日本とGHQが交渉の結果決めた、公式性の高い翻訳であり、これが「公定*1の英訳」ということになるのだろうと思います。

　柴田先生が翻訳に入られる前に、ぜひ、日本国憲法の正文*2に縛られることなく、先入観なく訳してほしいとお話ししました。外国の人が「日本とはどんな国だろう」と考えて、日本の成り立ちや政治を知ろうとしたとき、おそらくまず憲法を見て、柴田先生がやってくださったのと同じような作業をすると思います。

＊1　政府などが公式に定めること
＊2　条約などの、解釈の基準となる原文

柴田　木村先生が今おっしゃったように、僕は外国人というか、「宇宙人の視点」から訳すようにしました。といっても、もともとほとんど知識がないから、自然にやれば宇宙人なんですが（笑）。とにかく文脈や歴史的経緯をいっさい考えないで、この英語を「普通に」読めばどうなるのか。正文を読みながらだと、どうしても訳が引っ張られてしまうので、日本国憲法の正文をほとんど見ないで訳しました。

憲法の隠れた主語

柴田　前文には、we（私たち、われわれ）という語が出てきて、誰が語っているかはっきり分かります。第9条（⇨ p. 32）にもJapanese people（日本の人びと）という主語が出てきます。しかしそれ以外の条文では、weやJapanese peopleは出てこない。この憲法は誰が語っているんだろう。そしてそれは、大日本帝国憲法とどう違うんだろう、という興味を持ちました。

　英語教師の視点で見ると、この憲法はshallの使い方の教科書のようなものです。ほとんどすべての条文で、shallという助動詞が使われています。shallは、「私がこの人にこうさせるんだ」「これは、このように私が取りはからうんだ」というように、語り手の意志を表わします。ですから、主語はほとんど出てきていないけれども、隠れた語り手として常に「われわれ」がいるのかなと思いながら訳しました。

木村　おっしゃるとおりですね。大日本帝国憲法は天皇が国民に与えたものなので、主権者は天皇なのですが、日本国憲法は、前文と第1条で国民主権を明確にしているので、それ以下のshallの主体はすべて国民です。これが前提となるので、「国民は」国会をこのように設置する、というように、すべて「国民は」という主語が略されていると見ていいと思います。

柴田　「天皇の言葉」の部分（⇒ p. 10）を訳すにあたっては、天皇を指す主語を意識的にひらがなの「わたし」にしました。新しい訳文を作るときには、既存の訳文との違いを際だたせるというのが、仁義のようなものでもあるからですが、それ以上に、1946年11月の言葉ですから、天皇はすでに人間宣言をしています。だから「朕」はないんじゃないかと思ったんです。もちろん、人間宣言ではそれほどはっきり「私は人間です」と宣言しているわけでもないので、それを盾に「『朕』はだめだ」と決めつけるつもりもないのですが。

peopleをどう訳すか

木村　今回柴田先生に訳していただいて、正文と英語版では違ったニュアンスを持っているところがあるのが分かりました。たとえば、英語版で多く使われている people です。

　一般に、憲法に権利について書くときには、普遍的な意味での「人」を指しているのか、その国の市民権を持っている「市民」を指しているのか、分けて表現しなくてはなりません。

　ですから、people をどう訳すかは難題です。「国民」と訳す

> peopleをどう訳すかは難題です。
> 「国民」と訳すのが
> 普通かもしれませんが、
> 「国民」とすると
> citizenやnationalの意味も
> 帯びる可能性があります
> ──木村草太

のが普通かもしれませんが、「国民」とするとcitizenやnational
の意味も帯びる可能性がありますから、「国民」では訳しすぎ
なところがありそうです。ですから、ここは柴田先生の訳の
ように、あえて「人びと」とするのはいいと思います。

　ただ、こうして見ると、英語版では、市民の権利であるはず
のところが、かなりの部分でpeopleと表現されています。第
15条（⇨ p. 40）は公務員の選定・罷免権について、つまり典型
的な市民の権利についての条文ですので、英語版のpeopleに
は違和感がありますね。ちなみに、正文では「国民固有の権
利」となっていて、国籍性を持たせています。社会の正式な市
民権を持っている人たちの権利、という表現です。

　一方、第14条（⇨ p. 38）は、正文ではすべて「国民は」となっ
ています。しかし、法の下に平等でなくてはならないのは国
民に限らないはずで、本当は「すべての人は」とすべきところ
です。実際、最高裁の判例でも、「国民とは書いてあるが、外国
人にも適用される」とされています。

柴田　そこには冠詞の問題があって、the peopleという具合に
theがつくと、一般的な「人」というよりも「国民」というニュ
アンスが強まります。ですから、第15条でthe peopleと言って
いるところは、「国民」と解釈しても問題ない。それが、第14条
ではall of the peopleとなっていて、杓子定規に読めばあくま
で日本国民に話を限定しています。

木村　GHQ草案の第13条は、日本国憲法の第14条へと受け
継がれています。GHQ草案にはAll natural persons are equal
before the lawとあり、「すべての人は」「すべての自然人は」と
いう、人権性を強く表現した言葉になっていました。それが、
GHQ草案の翻訳、さらにはさまざまな調整、文言の変更など
を経て、日本国憲法では「国民」となっているわけです。

柴田　国民についての話だとひとまず理解しつつも僕が「国

民」という言葉を避けたのは、やはり「民」という語は「公」と対になっているので、「『公』に支配されるもの」というニュアンスがある気がどうしてもしてしまうからです。ある意味で、「国民主権」という言葉も、矛盾に響くようなところが残っていると思うんですよ。「民」という言葉を国語辞典で引いても、「治められる人たち」という定義がまずあって、「国民一般」が次の定義として出てくる。

ただ、peopleという言い方にも、もともと「民」と似たニュアンスはあります。英語で"you people"と言うと、ものすごく人を見下したような言い方ですよね。ただ、迷うときにはとにかく、正文と違うことをやってみようと思いました。

第9条から感じられる「気合い」

柴田 憲法ですから、全体的にはもちろん「法律の文章だな」という感じがするんですが、「前文」(⇨ p. 14)と第9条 (⇨ p. 32)、第97条 (⇨ p. 130)は、英文の質が明らかに違うというか、気合いの入り方が違うと感じました。特に第9条です。Japanese peopleが主語になっているし、forever renounce warといった言い方とか、ほかと違うなあという感じがします。

憲法に戦争の放棄を明記するのは、やはり画期的だったんでしょうか？

木村 当時としては画期的でした。ただ、歴史の流れとしては決して突出したものではありません。20世紀は、二度の世界大戦を経て、戦争自体の違法性を国際法の中で確定しようと頑張った世紀でもあるんです。

第二次世界大戦の前ごろから「不戦条約」と呼ばれる条約がたくさんできました。そして、第二次世界大戦を経て「国連憲章」ができます。国連憲章の2条4項は、まさに戦争を放棄

する内容です。武力による威嚇と武力の行使は、国際法違反だということを明確に書いています。つまり、国際条約のレベルでは、割と一般的なことなのです。

　今では平和条項を持つ憲法も、それほど珍しくはありません。ただ、日本国憲法のように「心から平和を願って」といった意志を、条文の中に盛り込むのは珍しいですね。それ故に第9条は、普通の法律の条文のようには解釈できないので難しいですね。

柴田　アメリカ自体の法律や憲法では実現できない、アメリカの理想、ユートピア的な思想みたいなものが、日本の憲法に盛り込まれているような印象を持ちました。

木村　GHQの中には民主党左派の、革新派の人たちも多かったようです。理想主義に燃えた人たちだったんですね。GHQを深く研究されている方によると、通常占領軍というのは汚職がつきものらしいのですが、GHQについては汚職絡みの話がほとんどなかったようです。

　マッカーサーはGHQ草案を作るときに、「今や世界を動かしつつある、崇高な理想に委ねよう」と言っています。彼はどうも、国際連合が、世界の安全保障を担うようになる、各国が軍隊を持つ必要はなくなるという見通しを持っていたようで

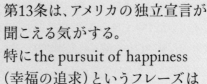

第13条は、アメリカの独立宣言が
聞こえる気がする。
特に the pursuit of happiness
（幸福の追求）というフレーズは
とてもアメリカ的です

――柴田元幸

す。そういう意味で第9条は、国際連合がちゃんと機能することを前提にした規定として作っている面はあると思います。

　また、憲法には、「私たちはこういう国ですよ」と世界に分かりやすくアピールする役割もあります。つまり、「外交宣言」としての側面も持っているんです。ですから、第9条のような条文をちゃんと置いて、「われわれは武力を絶対行使しません」とアピールしておくのは大事なことです。

　第9条の平和条文や、第97条の基本的人権の条文を変えたり削除したりというのは、実は法的にはあまり意味がないかもしれません。第9条を削除しても、軍隊の軍事編成権を国民がvest（与える）してくれないと、内閣などが軍隊を構成することはできないので、軍隊は持てません。

　ただ、これらを削除するようなことがあるとすれば、おそらく世界各国に相当強い印象を与えると思います。「平和条文を削除する国なんだ」「基本的人権の条文はどうでもいいと考える国なんだ」とみなされ、日本にとって大きなイメージダウンになるでしょうね。そういう意味では非常に重要な条文です。

アメリカの独立宣言が聞こえる第13条

柴田　第12条 (⇨ p. 36) から第14条 (⇨ p. 38) あたりも気合いが入ってますよね。第13条 (⇨ p. 36) は、アメリカの独立宣言が聞こえる気がする。特に the pursuit of happiness（幸福の追求）というフレーズはとてもアメリカ的です。

木村　第13条の as individuals（個人として）という表現は、どのように受けとられましたか？

柴田　「固有の権利を持った人間」というニュアンスが入っている感じがしますね。humans（人間）だと、単に「動物ではない」と言っているだけに聞こえますが、individuals になると、

固有の意志や価値観、権利を持った人、一個のentity（存在）を表現している感じがする。

木村 自民党の「日本国憲法改正草案」では、ここをindividualsではなくてhumansにしようという議論があります。日本語だと「個人として尊重される」から「人として尊重される」に変わるだけなので、一見違いがよく分からないのですが、individualsなのかhumansなのかと考えるとよく分かります。その違いが出やすいのが、この第13条の条文だと思います。individualsとhumansでは、印象としてはどう変わりますか。

柴田 individualは「divideできない」、「一個の世界を持った存在」という意味なので、簡単に言うと、humanよりも尊んでいる感じになると思います。自律的とか、そういった印象ですね。

木村 英語だと違いがはっきり出るんですね。

衆議院と参議院の役割とその違い

木村 統治の用語は難しいですね。特に第42条 (⇨ p. 66) 以降の、衆議院と参議院がどういうものなのかというくだり……。

柴田 そう！　それがこの英語版を読んでの、最大の不満です。the House of Representativesがどういうところで、the House of Councillorsがどういうところかという定義が、憲法の中にないんですよ。

木村 ちょっと語感を知りたいのですが、councillorsというのは、どういうニュアンスを持つ言葉なんでしょうか？

柴田 counselと語源は同じなので、「少し上の立場にいる人が助言する」という響きがあると思います。

木村 ほかには、どんなときに使いますか？

柴田 うーん、councilが具体的に使われている例は、あまり

思いつかないですね。辞書を引くと、「協議会」「審議会」とあるし、日常的にそういうものにかかわっている人には耳慣れた言葉なのでしょうが、文学部にはあまり関係ない（笑）。

木村　ちょっとよく分からないですね。

柴田　the House of Representatives というのは Councillors とは違って、やはり「民の代表」という感じがします。ただ、日本国憲法にはこういった定義の話はなくて、どう選ぶか、などについてしか書かれていません。

　あと、house をどう訳すかについても迷いました。こんな簡単な言葉なのに……。衆議院、参議院と現実には言われているわけですが、「院」だと、大学の上に大学院があるように、少し特別な高いところという感じがするので、そういうニュアンスがない言葉が欲しいと思ったんです。それで、ひとまず衆議院を「国民代表者議会」、参議院を「評議員議会」と訳したんですが、それで満足しているわけではないです。思いつく言葉の中ではこれがベストかな、というくらい。「議会」だと、国民議会とか、何となくフランス革命あたりを連想してしまい、次はギロチンが出てくるのか、とか余計なことを考えてしまう（笑）。

木村　「会議」という訳もあるのかなと思いますが。

柴田　なるほど。じゃあ「会」でもいいのかな。「代表者会」と「評議会」*3。そうしようかな。

木村　明治時代の慣例で「院」とされていますが、専門用語として使っているだけなんです。「院」というのは少し、外国語のような響きがありますし、必ずしも分かりやすいというわけではない。

---

*3　この対談の後、「国民代表者議会」が「代表者会」に、「評議員議会」が「評議会」へと変更された

柴田 the House of Representatives と the House of Councillors の違いは、誰もが知っているから憲法に書かれていないんでしょうか。

木村 いえ、むしろ、その当時、これら二つの house に何をやらせたいかが決まっていなかったからだと言われています。

　典型的な二院制では、地方代表を入れるんですね。たとえばアメリカの上院は各州代表、ドイツの連邦参議院も各州代表、そしてフランスの元老院も、地方公共団体のメンバーが間接選挙で選ぶ地元代表です。「地域性を持たせて、各地域を平等に扱う」というものが多いです。

　ちょっと面白い例ですと、部族社会が強い途上国に議会制度を導入するときには、第一院を日本の衆議院のようなものにして、第二院に部族代表を入れることもあります。また、イギリスでは、第二院は貴族院で、旧来の身分制度を反映して特権を持った人たちです。「完全な単一の国民国家にして、全員が平等」ということにすると、国家の論理が貫徹しない状況があるときに、地域の代表、貴族の代表、部族の代表といった、伝統的な枠組みを尊重しつつ議会政治を行なう、そのために二院制を使うことが大半です。

　日本の場合、GHQ草案では一院制だったのですが、日本側が二院制にしたいと求めたんです。しかし、第二院である参議院、柴田先生の訳では「評議員議会」、この役割がいまひとつはっきりしません。第43条（⇨ p.66）を見ると、"Both Houses shall consist of elected members, representative of all the people." とあります。つまり、「両会とも選挙で選ばれた、すべての人びとを代表する構成員から成る」わけですから、ここは councillors という英訳が本当によかったのか……。参議院が、councillors と言っていいような上からアドバイスする役割を持っているかについては疑問です。

柴田　ということは「衆議院」「参議院」という言葉も、the House of Representatives、the House of Councillorsという言葉も、持ち込んだのは日本側だったんですね。

木村　そうです。

柴田　衆議院、参議院という言葉は、ある意味で分かりやすい。「衆」というのは「民」のことですし、「参」というのは、「参事」という肩書などに使われるとおり、ちょっとアドバイザーのようなニュアンスを持っています。ただ、参議院が上からアドバイスするような役割を持っているかが怪しいとすれば、的確かどうかはまた別問題ですね。

木村　役割分担は、憲法には書かれておらず、「開かれて」います。すべて憲法だけで完結する必要はないので、どう使うかは、日本の人びとが憲法をもとに考えて、制度設計をすることができます。そういった意味で、日本国憲法は「開かれた憲法」と言われています。参議院をどうデザインするかは、かなり自由に任されているのです。

内閣に与えられているexecutive power

木村　第65条（⇨ p. 90）のexecutive powerは、一般的に「行政権」と訳されています。このexecutiveは通常、どういうニュアンスの言葉なんでしょうか。

柴田　「ものごとを興し、仕切る」という意味合いでしょうか。executiveというと、管理職の一番上の人たちを指しますよね。ですから、「行なう」、それも上のレベルから行なうというニュアンスだと思います。

木村　executive powerが内閣に与えられている一方で、第41条（⇨ p. 66）では国会が国家権力の最高機関とされています。また、三権分立の考え方でも、立法府が決めたことが最高の

意志決定で、それが内閣によって実行されます。そうすると、内閣の仕事は基本的に、決まったことをただ遂行するだけなので、上のレベルから行なうというexecutiveではないかもしれないと思うのです。むしろ、極端に言うと、マニュアルで決められたことを淡々と実行するのに近いところがあるんじゃないかと。

　ただ、内閣は決まったことを遂行する以外にも、実際には国会に議案を提案して国政をリードする仕事もやっています。第72条（⇨ p.96）では、内閣総理大臣は内閣を代表して議案を国会に提出できると書かれています。

　国会での議案提案権は、かなり大きい権限です。議案が提案されないと何も決まらないし、議案として提案されると、みんながそれを真剣に検討しなくてはならない。内閣が単なる「実行」だけではないことがよく表われています。

　どんな組織もそうですが、いきなり総会などでプランを作ることはありません。こうした構成員が多い会議体は、何かのアクションに反応する役割やプランを提示されて、それに「反対」「賛成」などの反応をすることはできますが、プランそのものを作ることは難しい。国会も同じです。ですから内閣

国会での議案提案権は、
かなり大きい権限です。
議案が提案されないと何も決まらないし、
議案として提案されると、
みんながそれを真剣に
検討しなくてはならない

——木村草太

が、決まったことを遂行するのに加えて、計画を立てて議題を作ったりもするのです。

柴田　なるほど。内閣の役割は、大学組織で言うと、教授会ではなく執行部に当たりますね。その執行部が「執り行なう」もの、というのがexecutiveという言葉のニュアンスだと思います。

　僕はひとまず「行政権」と訳したんですが、英和辞典の訳語の中で一番しっくりくると思ったにすぎません。今のお話を伺って、もう少し考えた方がいい気がしてきました。

木村　「行政」という言葉は、大変難解だと思うんです。昔の政府は、計画を立てて自分で決めて、自分で実行していました。だからexecutive powerでよかった。でも最近は、決定権のかなりの部分をほかに持っていかれてしまいました。ですから、法律の文脈でexecutive powerと言ったとき、日常で使われているニュアンスとは違っているのだと思います。しかし、これを「執行権」と訳したからといって、「行政権」よりよいかは……どうでしょうか。

柴田　「何々を執り行なう権利」あるいは「力」というふうに訳したいですが、その「何々」に当たるのが何か、ですよね。「国事」と言ってもいいんでしょうか。

木村　何でしょうね、「国政」？　あるいは「統治をする力」でも違うでしょうか。目的語がよく分からないですね。これは前提がないと読めない文章ですね。

柴田　「内閣には国政を執り行なう権利を与える」とか、そんなふうに訳すのかなあ。

木村　そうすると今度は、「じゃあ国会はどうなるんだ、国政を執り行なわないのか」ということになります。

柴田　そうですね。

木村　なので、結局「行政」という、現代国家における政府のあり方を表わす独特の言葉になってしまう。「行政」という言

葉がそもそもしっくりしていない中で運営しているというところがあるんですね。

柴田 「行政」って、文字通りに取ると、「まつりごとを行なう」ですよね……その根本に戻ってもう一度考えてみます。これ以上の案は出てこないかもしれませんが[*4]。

　それから、第72条 (⇨ p. 96) は珍しく、The Prime Minister ... submits bills ... というふうにshallを使わず現在形で「こうするんだ」と書いてあるんですよね。

木村 ああ、本当ですね。でも、国会議員が議案を提案することもありますし……。いや、ここは国会議員や内閣以外が議案を提出する余地を残しているんでしょうか。それを想定していたのかな。ここがshallじゃなくてsubmitsになっていて、「Prime Ministerにこういう権限をあげます」という形になっていないのは、確かに面白いですね。

　ところで、この第65条 (⇨ p. 90) などで使われているvestという表現は、正文だと「属する」ですが、柴田先生の訳では「与える」になっています。英語版では「与えられたものなのだ」というニュアンスがちゃんと出ているのは発見でした。

柴田 vestは昔はチョッキとも言った「ベスト」と同じで、元は「衣服」の意味です。動詞としては「衣服を着せる」、そこから権利などを「与える」という意味になっています。

木村 人びとが「与えて」いるから、付託しているから、内閣は権限を行使できるという構造になっています。権限が内閣に「属する」だと、誰かが与えているのか、それとも、もともと内閣が自然に備えているものなのか、曖昧ですね。日本国憲法英語版や柴田先生の訳の方が、ニュアンスがより明確に

---

*4　この対談の後、第65条の訳が「内閣には、法律に従い国政を執行する権利を与える」へと変更された

なっていると思います。

civilianをどう訳すか

柴田　第66条 (⇨ p. 90) にあるcivilianという言葉が「文民」と
訳されたのは、この憲法が初めてだったと、国会図書館の「日
本国憲法の誕生」のホームページで見ました。

　明治初期、外国からいろんな言葉が入ってきました。それ
を日本語に訳すときには、既にある漢語を使ったりもしまし
たが、漢字二つを組み合わせて新しい言葉を作ることも多
かった。そうすると、効率よく新語が作れはするんですが、ど
うしても漢語っぽい語感になり、よそよそしく響いてしまい
ます。これは、外国語を日本語に訳すときの、宿命みたいなも
のかなと思ってるんですが。

　ただ、この「文民」もそうなんですが、とりあえずの訳語と
して使うのは問題ないとはいえ、概念が理解されてきたとこ
ろで、大和言葉ふうな表現に置き換える努力はできるように
思います。

木村　civilianの訳は難しいですね。国会議員も合まれている
ので、「市民」とは訳せないですし。

柴田　civilianというのは「軍人ではない人」ということです
よね。そうすると、自衛隊員は含まれるのでしょうか。

木村　現職自衛官は、軍人に準ずる存在であるということに
なっています。

柴田　そうか。じゃあこれは、第二次世界大戦中に軍人を
やっていた人を排すだけではないんですね。

木村　そうではないと言われています。解釈としては、旧日
本軍の軍人は、辞めていてもだめ。自衛隊の場合は、現職自衛
官でなければよいということになっています。

この定義は国によっても違います。たとえばアメリカには軍人出身の大統領が何人かいますが、「退官してから何年以上経たないといけない」などということになっています。

柴田 civilianの定義も、かっちりと決まっているわけではないんですね。そうすると、「総理大臣や各国務大臣は、軍人ではあってはならない」という日本語訳でも、絶対間違いというわけではないということですか。

木村 civilianを「軍人ではない人」と訳しても問題ないです。

柴田 なるほど。そうしようかなあ。「軍人であってはならない」*5とか……。

すべて法律用語で訳す必要はない

柴田 第81条 (⇨ p. 112) では、最高裁をlast resortと言っています。ある程度は法律用語的な響きもあるかもしれないと思いつつも、確信犯的に「最後の頼り」と、情緒的に訳しました。ここはちょっと、読む方の思い入れにすぎないかもしれないけれど、ロマンチックな思い入れを感じるので。「最後に最高裁があるんだ！」というような。正文では「終審裁判所」なんですか。終審裁判所は通常の法律用語では、court of last instance。ちょっとピンとこないなあ。

木村 正文では「終審裁判所」という法律用語ですが、英語にするときには、かなり開いた言葉を選択したんですね。

柴田 ええ、last resortは「最後の手段」という一般的な意味で使いますから。英語の場合は、法律用語としての意味はすぐには見えてきませんから、訳すときに迷います。

＊5　この対談の後、第66条の訳が「文民でなければならない」から「軍人であってはならない」へと変更された

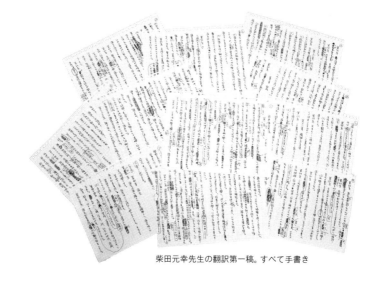
柴田元幸先生の翻訳第一稿。すべて手書き

木村　個人的には、法律の中の言葉だからといって、すべて
法律用語に訳さなくてはならないとは思わないです。

　ところで、第79条（⇨ p.110）で、柴田先生はChief Judgeを
首席裁判官と訳されていますが、正文では「長官」でしょうか。
「長官」と「首席裁判官」ではどういうニュアンスの違いがあ
りますか。

柴田　正文では「長たる裁判官」となっていますね。

木村　ああ、日本国憲法には「長官」は出てこないんだった。
「長たる裁判官」でした。確かに憲法では「長たる裁判官」と
しか言っていないので、「首席裁判官」でもまったく問題ない
ですね。

柴田　「長たる裁判官」って少し曖昧ですね。「裁判官の中の
『長』」を指すのか、「裁判官すべてが『長』である」ことを表わ
すのか、はっきりしません。

木村　ここでは前者を言いたいのでしょうね。裁判官は対等
なはずなので、そういう意味では「首席」と言ったほうが近い
かもしれません。アメリカのミステリー小説なんかを読んで

いると、Chief Judge ということで、「首席裁判官」というのが
出てきますし。

柴田 ここは、僕は何も考えないで訳したんじゃないかな。
すぐにこの言葉が出てきたんだと思います。

法律家の翻訳、文学者の翻訳

柴田 日本国憲法英語版は、全体としては非常に明快だし、
日本語の正文も十分口語的で明快です。そもそもこの英語版
から、正文とはかけ離れた、ものすごく分かりやすくくだい
た日本語が出てくるべきではないと思うんです。

日本語と英語は、いろいろな点ですごく違いますが、外の、
より発達した文化の言葉と、よりシンプルな土着の言葉でで
きているところは似ています。英語が、フランス語やラテン
語から入ってきた比較的抽象的な言葉と、アングロサクソン
の土着的な言葉から成っているのと同じように、日本語も漢
語と和語から成っています。ですから、ラテン語系の、たとえ
ばconstitution（憲法）などは漢語ふうに訳して、getやhaveな
どを和語で訳すという訳し分けは、あまり言われてはいませ
んけど、とても大事なことです。

そういう視点で見ると、この憲法は圧倒的に抽象的なラテ
ン語起源の言葉が多いです。それを極端に口語的に訳すとい
うのは、翻訳者の越権行為だと思います。

今回日本国憲法を訳してみて、二つのことが必要だとつく
づく思いました。一つは、条文そのものを丁寧に読むこと。こ
れはつまり「宇宙人の目で読む」ということですね。二つ目
は、条文が成立したスピリットを知ることです。この二つ目
もとても大事で、今回はこれを木村先生が提供してください
ました。

木村　今回「宇宙人の目」で日本国憲法を読んだことは、私にとって、とても勉強になりました。柴田先生の翻訳に私がコメントするのは、恐れ多かったですが。

　ふだん、非常にたくさんの前提を持って読んでいる日本国憲法ですが、それをあえてゼロにして読んでみたいという気持ちを持っていたので、大きな収穫でした。柴田先生が自然に読んで、われわれ法学者が理解している内容と違っていたりすると、そこには普通に読むだけでは分からない前提があるんだということが、あらためて分かりました。

　また、法律家の翻訳テクニックと、文学者の翻訳テクニックの違いもあらためて感じました。日本語の文章を作るうえで、一つひとつの言葉に力を込めるのは、法律家も文学者も同じだと思うんですが、その力の込め方の「異文化」を感じて楽しかったですね。

　民法や刑法などはおそらく、法学者が科学論文を訳すようにやった方がいいと思うのですが、憲法というのは、文学者の力も借りて訳さなければならないものなのだと思いました。機械的に専門用語に置き換えて訳せばいいというものではありませんから。柴田先生に、文学者としての翻訳をしていただいたのはありがたかったです。

2015年5月26日収録
（司会・構成 大井明子／撮影 安宅雅美）

左より
柴田元幸先生
（アメリカ文学研究者、翻訳家）
木村草太先生
（憲法学者）

日本国憲法　正文

朕は、日本国民の総意に基いて、新日本建設の礎が、定まるに至つたことを、深くよろこび、枢密顧問の諮詢及び帝国憲法第七十三条による帝国議会の議決を経た帝国憲法の改正を裁可し、ここにこれを公布せしめる。

御名御璽
　昭和二十一年十一月三日

内閣総理大臣兼
外務大臣　　吉田茂
国務大臣　男爵　幣原喜重郎
司法大臣　　木村篤太郎
内務大臣　　大村清一
文部大臣　　田中耕太郎
農林大臣　　和田博雄
国務大臣　　斎藤隆夫
逓信大臣　　一松定吉
商工大臣　　星島二郎
厚生大臣　　河合良成
国務大臣　　植原悦二郎
運輸大臣　　平塚常次郎
大蔵大臣　　石橋湛山
国務大臣　　金森徳次郎
国務大臣　　膳桂之助

日本国憲法

日本国民は、正当に選挙された国会における代表者を通じて行動し、われらとわれらの子孫のために、諸国民との協和による成果と、わが国全土にわたつて自由のもたらす恵沢を確保し、政府の行為によつて再び戦争の惨禍が起ることのないやうにすることを決意し、ここに主権が国民に存することを宣言し、この憲法を確定する。そもそも国政は、国民の厳粛な信託によるものであつて、その権威は国民に由来し、その権力は国民の代表者がこれを行使し、その福利は国民がこれを享受する。これは人類普遍の原理であり、この憲法は、かかる原理に基くものである。われらは、これに反する一切の憲法、法令及び詔勅を排除する。

日本国民は、恒久の平和を念願し、人間相互の関係を支配する崇高な理想を深く自覚するのであつて、平和を愛する諸国民の公正と信義に信頼して、われらの安全と生存を保持しようと決意した。われらは、平和を維持し、専制と隷従、圧迫と偏狭を地上から永遠に除去しようと努めてゐる国際社会において、名誉ある地位を占めたいと思ふ。われらは、全世界の国民が、ひとしく恐怖と欠乏から免かれ、平和のうちに生存する権利を有することを確認する。

われらは、いづれの国家も、自国のことのみに専念して他国を無視してはならないのであつて、政治道徳の法則は、普遍的なものであり、この法則に従ふことは、自国の主権を維持し、他国と対等関係に立たうとする各国の責務であると信ずる。

日本国民は、国家の名誉にかけ、全力をあげてこの崇高な理想と目的を達成することを誓ふ。

第1章
天皇

第1条
天皇は、日本国の象徴であり日本国民統合の象徴であつて、この地位は、主権の存する日本国民の総意に基く。

第2条
皇位は、世襲のものであつて、国会の議決した皇室典範の定めるところにより、これを継承する。

第3条
天皇の国事に関するすべての行為には、内閣の助言と承認を必要とし、内閣が、その責任を負ふ。

第4条
天皇は、この憲法の定める国事に関する行為のみを行ひ、国政に関する権能を有しない。
(2) 天皇は、法律の定めるところにより、その国事に関する行為を委任することができる。

第5条
皇室典範の定めるところにより摂政を置くときは、摂政は、天皇の名でその国事に関する行為を行ふ。この場合には、前条第一項の規定を準用する。

第2章
戦争の放棄

第6条

天皇は、国会の指名に基いて、内閣総理大臣を任命する。

(2) 天皇は、内閣の指名に基いて、最高裁判所の長たる裁判官を任命する。

第7条

天皇は、内閣の助言と承認により、国民のために、左の国事に関する行為を行ふ。

一　憲法改正、法律、政令及び条約を公布すること。

二　国会を召集すること。

三　衆議院を解散すること。

四　国会議員の総選挙の施行を公示すること。

五　国務大臣及び法律の定めるその他の官吏の任免並びに全権委任状及び大使及び公使の信任状を認証すること。

六　大赦、特赦、減刑、刑の執行の免除及び復権を認証すること。

七　栄典を授与すること。

八　批准書及び法律の定めるその他の外交文書を認証すること。

九　外国の大使及び公使を接受すること。

十　儀式を行ふこと。

第8条

皇室に財産を譲り渡し、又は皇室が、財産を譲り受け、若しくは賜与することは、国会の議決に基かなければならない。

第9条

日本国民は、正義と秩序を基調とする国際平和を誠実に希求し、国権の発動たる戦争と、武力による威嚇又は武力の行使は、国際紛争を解決する手段としては、永久にこれを放棄する。

(2) 前項の目的を達するため、陸海空軍その他の戦力は、これを保持しない。国の交戦権は、これを認めない。

第3章
国民の権利及び義務

第10条

日本国民たる要件は、法律でこれを定める。

第11条

国民は、すべての基本的人権の享有を妨げられない。この憲法が国民に保障する基本的人権は、侵すことのできない永久の権利として、現在及び将来の国民に与へられる。

第12条

この憲法が国民に保障する自由及び権利は、国民の不断の努力によつて、これを保持しなければならない。又、国民は、これを濫用してはならないのであつて、常に公共の福祉のためにこれを利用する責任を負ふ。

第13条

すべて国民は、個人として尊重される。生命、自由及び幸福追求に対する国民の権利については、公共の福祉に反しない限り、立法その他の国政の上で、最大の尊重を必要とする。

第14条

すべて国民は、法の下に平等であつて、人種、信条、性別、社会的身分又は門地により、政治的、経済的又は社会的関係において、差別されない。

(2) 華族その他の貴族の制度は、これを認めない。

(3) 栄誉、勲章その他の栄典の授与は、いかなる特権も伴はない。栄典の授与は、現にこれを有し、又は将来これを受ける者の一代に限り、その効力を有する。

第15条

公務員を選定し、及びこれを罷免することは、国民固有の権利である。

(2) すべて公務員は、全体の奉仕者であつて、一部の奉仕者ではない。

(3) 公務員の選挙については、成年者による普通選挙を保障する。

(4) すべて選挙における投票の秘密は、これを侵してはならない。選挙人は、その選択に関し公的にも私的にも責任を問はれない。

第16条

何人も、損害の救済、公務員の罷免、法律、命令又は規則の制定、廃止又は改正その他の事項に関し、平穏に請願する権利を有し、何人も、かかる請願をしたためにいかなる差別待遇も受けない。

第17条
何人も、公務員の不法行為により、損害を受けたときは、法律の定めるところにより、国又は公共団体に、その賠償を求めることができる。

第18条
何人も、いかなる奴隷的拘束も受けない。又、犯罪に因る処罰の場合を除いては、その意に反する苦役に服させられない。

第19条
思想及び良心の自由は、これを侵してはならない。

第20条
信教の自由は、何人に対してもこれを保障する。いかなる宗教団体も、国から特権を受け、又は政治上の権力を行使してはならない。
(2) 何人も、宗教上の行為、祝典、儀式又は行事に参加することを強制されない。
(3) 国及びその機関は、宗教教育その他いかなる宗教的活動もしてはならない。

第21条
集会、結社及び言論、出版その他一切の表現の自由は、これを保障する。
(2) 検閲は、これをしてはならない。通信の秘密は、これを侵してはならない。

第22条
何人も、公共の福祉に反しない限り、居住、移転及び職業選択の自由を有する。
(2) 何人も、外国に移住し、又は国籍を離脱する自由を侵されない。

第23条
学問の自由は、これを保障する。

第24条
婚姻は、両性の合意のみに基いて成立し、夫婦が同等の権利を有することを基本として、相互の協力により、維持されなければならない。
(2) 配偶者の選択、財産権、相続、住居の選定、離婚並びに婚姻及び家族に関するその他の事項に関しては、法律は、個人の尊厳と両性の本質的平等に立脚して、制定されなければならない。

第25条

　すべて国民は、健康で文化的な最低限度の生活を営む権利を有する。

　(2) 国は、すべての生活部面について、社会福祉、社会保障及び公衆衛生の向上及び増進に努めなければならない。

第26条

　すべて国民は、法律の定めるところにより、その能力に応じて、ひとしく教育を受ける権利を有する。

　(2) すべて国民は、法律の定めるところにより、その保護する子女に普通教育を受けさせる義務を負ふ。義務教育は、これを無償とする。

第27条

　すべて国民は、勤労の権利を有し、義務を負ふ。

　(2) 賃金、就業時間、休息その他の勤労条件に関する基準は、法律でこれを定める。

　(3) 児童は、これを酷使してはならない。

第28条

　勤労者の団結する権利及び団体交渉その他の団体行動をする権利は、これを保障する。

第29条

　財産権は、これを侵してはならない。

　(2) 財産権の内容は、公共の福祉に適合するやうに、法律でこれを定める。

　(3) 私有財産は、正当な補償の下に、これを公共のために用ひることができる。

第30条

　国民は、法律の定めるところにより、納税の義務を負ふ。

第31条

　何人も、法律の定める手続によらなければ、その生命若しくは自由を奪はれ、又はその他の刑罰を科せられない。

第32条

　何人も、裁判所において裁判を受ける権利を奪はれない。

第33条

　何人も、現行犯として逮捕される場合を除いては、権限を有する司法官憲が発し、且つ理由となつてゐる犯罪を明示する令状によらなければ、逮捕されない。

第34条

何人も、理由を直ちに告げられ、且つ、直ちに弁護人に依頼する権利を与へられなければ、抑留又は拘禁されない。又、何人も、正当な理由がなければ、拘禁されず、要求があれば、その理由は、直ちに本人及びその弁護人の出席する公開の法廷で示されなければならない。

第35条

何人も、その住居、書類及び所持品について、侵入、捜索及び押収を受けることのない権利は、第三十三条の場合を除いては、正当な理由に基いて発せられ、且つ捜索する場所及び押収する物を明示する令状がなければ、侵されない。

(2) 捜索又は押収は、権限を有する司法官憲が発する各別の令状により、これを行ふ。

第36条

公務員による拷問及び残虐な刑罰は、絶対にこれを禁ずる。

第37条

すべて刑事事件においては、被告人は、公平な裁判所の迅速な公開裁判を受ける権利を有する。

(2) 刑事被告人は、すべての証人に対して審問する機会を充分に与へられ、又、公費で自己のために強制的手続により証人を求める権利を有する。

(3) 刑事被告人は、いかなる場合にも、資格を有する弁護人を依頼することができる。被告人が自らこれを依頼することができないときは、国でこれを附する。

第38条

何人も、自己に不利益な供述を強要されない。

(2) 強制、拷問若しくは脅迫による自白又は不当に長く抑留若しくは拘禁された後の自白は、これを証拠とすることができない。

(3) 何人も、自己に不利益な唯一の証拠が本人の自白である場合には、有罪とされ、又は刑罰を科せられない。

第39条

何人も、実行の時に適法であつた行為又は既に無罪とされた行為については、刑事上の責任を問はれない。又、同一の犯罪について、重ねて刑事上の責任を問はれない。

第40条

　何人も、抑留又は拘禁された後、無罪の裁判を受けたときは、法律の定めるところにより、国にその補償を求めることができる。

第4章
国会

第41条

　国会は、国権の最高機関であつて、国の唯一の立法機関である。

第42条

　国会は、衆議院及び参議院の両議院でこれを構成する。

第43条

　両議院は、全国民を代表する選挙された議員でこれを組織する。
　(2) 両議院の議員の定数は、法律でこれを定める。

第44条

　両議院の議員及びその選挙人の資格は、法律でこれを定める。但し、人種、信条、性別、社会的身分、門地、教育、財産又は収入によつて差別してはならない。

第45条

　衆議院議員の任期は、四年とする。但し、衆議院解散の場合には、その期間満了前に終了する。

第46条

　参議院議員の任期は、六年とし、三年ごとに議員の半数を改選する。

第47条

　選挙区、投票の方法その他両議院の議
員の選挙に関する事項は、法律でこれ
を定める。

第48条

　何人も、同時に両議院の議員たること
はできない。

第49条

　両議院の議員は、法律の定めるところ
により、国庫から相当額の歳費を受け
る。

第50条

　両議院の議員は、法律の定める場合を
除いては、国会の会期中逮捕されず、
会期前に逮捕された議員は、その議院
の要求があれば、会期中これを釈放し
なければならない。

第51条

　両議院の議員は、議院で行つた演説、
討論又は表決について、院外で責任を
問はれない。

第52条

　国会の常会は、毎年一回これを召集す
る。

第53条

　内閣は、国会の臨時会の召集を決定す
ることができる。いづれかの議院の総
議員の四分の一以上の要求があれば、
内閣は、その召集を決定しなければな
らない。

第54条

　衆議院が解散されたときは、解散の日
から四十日以内に、衆議院議員の総選
挙を行ひ、その選挙の日から三十日以
内に、国会を召集しなければならない。
　(2) 衆議院が解散されたときは、参議
院は、同時に閉会となる。但し、内閣は、
国に緊急の必要があるときは、参議院
の緊急集会を求めることができる。
　(3) 前項但書の緊急集会において採ら
れた措置は、臨時のものであつて、次
の国会開会の後十日以内に、衆議院の
同意がない場合には、その効力を失ふ。

第55条

　両議院は、各々その議員の資格に関す
る争訟を裁判する。但し、議員の議席
を失はせるには、出席議員の三分の二
以上の多数による議決を必要とする。

第56条

両議院は、各々その総議員の三分の一以上の出席がなければ、議事を開き議決することができない。

(2) 両議院の議事は、この憲法に特別の定のある場合を除いては、出席議員の過半数でこれを決し、可否同数のときは、議長の決するところによる。

第57条

両議院の会議は、公開とする。但し、出席議員の三分の二以上の多数で議決したときは、秘密会を開くことができる。

(2) 両議院は、各々その会議の記録を保存し、秘密会の記録の中で特に秘密を要すると認められるもの以外は、これを公表し、且つ一般に頒布しなければならない。

(3) 出席議員の五分の一以上の要求があれば、各議員の表決は、これを会議録に記載しなければならない。

第58条

両議院は、各々その議長その他の役員を選任する。

(2) 両議院は、各々その会議その他の手続及び内部の規律に関する規則を定め、又、院内の秩序をみだした議員を懲罰することができる。但し、議員を除名するには、出席議員の三分の二以上の多数による議決を必要とする。

第59条

法律案は、この憲法に特別の定のある場合を除いては、両議院で可決したとき法律となる。

(2) 衆議院で可決し、参議院でこれと異なつた議決をした法律案は、衆議院で出席議員の三分の二以上の多数で再び可決したときは、法律となる。

(3) 前項の規定は、法律の定めるところにより、衆議院が、両議院の協議会を開くことを求めることを妨げない。

(4) 参議院が、衆議院の可決した法律案を受け取つた後、国会休会中の期間を除いて六十日以内に、議決しないときは、衆議院は、参議院がその法律案を否決したものとみなすことができる。

第60条

予算は、さきに衆議院に提出しなければならない。

(2) 予算について、参議院で衆議院と異なつた議決をした場合に、法律の定めるところにより、両議院の協議会を開いても意見が一致しないとき、又は参議院が、衆議院の可決した予算を受け取つた後、国会休会中の期間を除いて三十日以内に、議決しないときは、衆議院の議決を国会の議決とする。

第5章
内閣

第61条

条約の締結に必要な国会の承認については、前条第二項の規定を準用する。

第62条

両議院は、各々国政に関する調査を行ひ、これに関して、証人の出頭及び証言並びに記録の提出を要求することができる。

第63条

内閣総理大臣その他の国務大臣は、両議院の一に議席を有すると有しないとにかかはらず、何時でも議案について発言するため議院に出席することができる。又、答弁又は説明のため出席を求められたときは、出席しなければならない。

第64条

国会は、罷免の訴追を受けた裁判官を裁判するため、両議院の議員で組織する弾劾裁判所を設ける。

（2）弾劾に関する事項は、法律でこれを定める。

第65条

行政権は、内閣に属する。

第66条

内閣は、法律の定めるところにより、その首長たる内閣総理大臣及びその他の国務大臣でこれを組織する。

（2）内閣総理大臣その他の国務大臣は、文民でなければならない。

（3）内閣は、行政権の行使について、国会に対し連帯して責任を負ふ。

第67条

内閣総理大臣は、国会議員の中から国会の議決で、これを指名する。この指名は、他のすべての案件に先だつて、これを行ふ。

（2）衆議院と参議院とが異なつた指名の議決をした場合に、法律の定めるところにより、両議院の協議会を開いても意見が一致しないとき、又は衆議院が指名の議決をした後、国会休会中の期間を除いて十日以内に、参議院が、指名の議決をしないときは、衆議院の議決を国会の議決とする。

第68条

内閣総理大臣は、国務大臣を任命する。但し、その過半数は、国会議員の中から選ばれなければならない。

（2）内閣総理大臣は、任意に国務大臣を罷免することができる。

第69条

　内閣は、衆議院で不信任の決議案を可決し、又は信任の決議案を否決したときは、十日以内に衆議院が解散されない限り、総辞職をしなければならない。

第70条

　内閣総理大臣が欠けたとき、又は衆議院議員総選挙の後に初めて国会の召集があつたときは、内閣は、総辞職をしなければならない。

第71条

　前二条の場合には、内閣は、あらたに内閣総理大臣が任命されるまで引き続きその職務を行ふ。

第72条

　内閣総理大臣は、内閣を代表して議案を国会に提出し、一般国務及び外交関係について国会に報告し、並びに行政各部を指揮監督する。

第73条

　内閣は、他の一般行政事務の外、左の事務を行ふ。

　一　法律を誠実に執行し、国務を総理すること。

　二　外交関係を処理すること。

　三　条約を締結すること。但し、事前に、時宜によつては事後に、国会の承認を経ることを必要とする。

　四　法律の定める基準に従ひ、官吏に関する事務を掌理すること。

　五　予算を作成して国会に提出すること。

　六　この憲法及び法律の規定を実施するために、政令を制定すること。但し、政令には、特にその法律の委任がある場合を除いては、罰則を設けることができない。

　七　大赦、特赦、減刑、刑の執行の免除及び復権を決定すること。

第74条

　法律及び政令には、すべて主任の国務大臣が署名し、内閣総理大臣が連署することを必要とする。

第75条

　国務大臣は、その在任中、内閣総理大臣の同意がなければ、訴追されない。但し、これがため、訴追の権利は、害されない。

第6章
司法

第76条

すべて司法権は、最高裁判所及び法律の定めるところにより設置する下級裁判所に属する。

(2) 特別裁判所は、これを設置することができない。行政機関は、終審として裁判を行ふことができない。

(3) すべて裁判官は、その良心に従ひ独立してその職権を行ひ、この憲法及び法律にのみ拘束される。

第77条

最高裁判所は、訴訟に関する手続、弁護士、裁判所の内部規律及び司法事務処理に関する事項について、規則を定める権限を有する。

(2) 検察官は、最高裁判所の定める規則に従はなければならない。

(3) 最高裁判所は、下級裁判所に関する規則を定める権限を、下級裁判所に委任することができる。

第78条

裁判官は、裁判により、心身の故障のために職務を執ることができないと決定された場合を除いては、公の弾劾によらなければ罷免されない。裁判官の懲戒処分は、行政機関がこれを行ふことはできない。

第79条

最高裁判所は、その長たる裁判官及び法律の定める員数のその他の裁判官でこれを構成し、その長たる裁判官以外の裁判官は、内閣でこれを任命する。

(2) 最高裁判所の裁判官の任命は、その任命後初めて行はれる衆議院議員総選挙の際国民の審査に付し、その後十年を経過した後初めて行はれる衆議院議員総選挙の際更に審査に付し、その後も同様とする。

(3) 前項の場合において、投票者の多数が裁判官の罷免を可とするときは、その裁判官は、罷免される。

(4) 審査に関する事項は、法律でこれを定める。

(5) 最高裁判所の裁判官は、法律の定める年齢に達した時に退官する。

(6) 最高裁判所の裁判官は、すべて定期に相当額の報酬を受ける。この報酬は、在任中、これを減額することができない。

第7章
財政

第80条

下級裁判所の裁判官は、最高裁判所の指名した者の名簿によつて、内閣でこれを任命する。その裁判官は、任期を十年とし、再任されることができる。但し、法律の定める年齢に達した時には退官する。

(2) 下級裁判所の裁判官は、すべて定期に相当額の報酬を受ける。この報酬は、在任中、これを減額することができない。

第81条

最高裁判所は、一切の法律、命令、規則又は処分が憲法に適合するかしないかを決定する権限を有する終審裁判所である。

第82条

裁判の対審及び判決は、公開法廷でこれを行ふ。

(2) 裁判所が、裁判官の全員一致で、公の秩序又は善良の風俗を害する虞があると決した場合には、対審は、公開しないでこれを行ふことができる。但し、政治犯罪、出版に関する犯罪又はこの憲法第三章で保障する国民の権利が問題となつてゐる事件の対審は、常にこれを公開しなければならない。

第83条

国の財政を処理する権限は、国会の議決に基いて、これを行使しなければならない。

第84条

あらたに租税を課し、又は現行の租税を変更するには、法律又は法律の定める条件によることを必要とする。

第85条

国費を支出し、又は国が債務を負担するには、国会の議決に基くことを必要とする。

第86条

内閣は、毎会計年度の予算を作成し、国会に提出して、その審議を受け議決を経なければならない。

第87条

予見し難い予算の不足に充てるため、国会の議決に基いて予備費を設け、内閣の責任でこれを支出することができる。

(2) すべて予備費の支出については、内閣は、事後に国会の承諾を得なければならない。

第8章
地方自治

第88条

すべて皇室財産は、国に属する。すべて皇室の費用は、予算に計上して国会の議決を経なければならない。

第89条

公金その他の公の財産は、宗教上の組織若しくは団体の使用、便益若しくは維持のため、又は公の支配に属しない慈善、教育若しくは博愛の事業に対し、これを支出し、又はその利用に供してはならない。

第90条

国の収入支出の決算は、すべて毎年会計検査院がこれを検査し、内閣は、次の年度に、その検査報告とともに、これを国会に提出しなければならない。
(2) 会計検査院の組織及び権限は、法律でこれを定める。

第91条

内閣は、国会及び国民に対し、定期に、少くとも毎年一回、国の財政状況について報告しなければならない。

第92条

地方公共団体の組織及び運営に関する事項は、地方自治の本旨に基いて、法律でこれを定める。

第93条

地方公共団体には、法律の定めるところにより、その議事機関として議会を設置する。
(2) 地方公共団体の長、その議会の議員及び法律の定めるその他の吏員は、その地方公共団体の住民が、直接これを選挙する。

第94条

地方公共団体は、その財産を管理し、事務を処理し、及び行政を執行する権能を有し、法律の範囲内で条例を制定することができる。

第95条

一の地方公共団体のみに適用される特別法は、法律の定めるところにより、その地方公共団体の住民の投票においてその過半数の同意を得なければ、国会は、これを制定することができない。

第9章
改正

第96条

　この憲法の改正は、各議院の総議員の三分の二以上の賛成で、国会が、これを発議し、国民に提案してその承認を経なければならない。この承認には、特別の国民投票又は国会の定める選挙の際行はれる投票において、その過半数の賛成を必要とする。

　(2) 憲法改正について前項の承認を経たときは、天皇は、国民の名で、この憲法と一体を成すものとして、直ちにこれを公布する。

第10章
最高法規

第97条

　この憲法が日本国民に保障する基本的人権は、人類の多年にわたる自由獲得の努力の成果であつて、これらの権利は、過去幾多の試錬に堪へ、現在及び将来の国民に対し、侵すことのできない永久の権利として信託されたものである。

第98条

　この憲法は、国の最高法規であつて、その条規に反する法律、命令、詔勅及び国務に関するその他の行為の全部又は一部は、その効力を有しない。

　(2) 日本国が締結した条約及び確立された国際法規は、これを誠実に遵守することを必要とする。

第99条

　天皇又は摂政及び国務大臣、国会議員、裁判官その他の公務員は、この憲法を尊重し擁護する義務を負ふ。

第11章
補則

第100条

この憲法は、公布の日から起算して六箇月を経過した日から、これを施行する。

(2) この憲法を施行するために必要な法律の制定、参議院議員の選挙及び国会召集の手続並びにこの憲法を施行するために必要な準備手続は、前項の期日よりも前に、これを行ふことができる。

第101条

この憲法施行の際、参議院がまだ成立してゐないときは、その成立するまでの間、衆議院は、国会としての権限を行ふ。

第102条

この憲法による第一期の参議院議員のうち、その半数の者の任期は、これを三年とする。その議員は、法律の定めるところにより、これを定める。

第103条

この憲法施行の際現に在職する国務大臣、衆議院議員及び裁判官並びにその他の公務員で、その地位に相応する地位がこの憲法で認められてゐる者は、法律で特別の定をした場合を除いては、この憲法施行のため、当然にはその地位を失ふことはない。但し、この憲法によつて、後任者が選挙又は任命されたときは、当然その地位を失ふ。

アメリカ合衆国憲法をよむ

アメリカ合衆国憲法を訳して

柴田元幸

　この合衆国憲法の重要項目を訳すにあたっても、日本国憲法英語版を訳すのと同様に、「宇宙人の視点」から、極力字義どおり訳すよう努めました。

　その結果、これまでの合衆国憲法訳文に親しんだ方には異様に見えるかもしれない特徴が2点生じました。ひとつは、通常「上院」「下院」と訳される the Senate / the House of Representatives は「元老会」「代表者会」となったことです。しかしこれも、日本国憲法英語版の the House of Councillors / the House of Representatives を「参議院」「衆議院」と訳さず「評議員会」「代表者会」と訳したのと同様の発想から来ています。「元老会」とはまるで古代ローマではないか、と思う方もいらっしゃるかもしれませんが、それはまさに正解です。ローマの元老院は senātus といい、「老いた者」を意味する senex から来ています。The Senate という名は、そこにじかにつながっているのです。

　2点目は、内容理解にどこまで影響するかわかりませんが、英語原文で名詞の最初の文字が大文字になっている箇所をすべて、太字を使って再現に努めている点です。それなりに重要な意味を持つ名詞を大文字で始めるのは古い英語の特徴で、

たとえば1726年に刊行された『ガリバー旅行記』の書き出し
は "My Father had a small Estate in *Nottinghamshire*; I was the
Third of Five Sons" となっています。18世紀にはごく一般的な
書き方でしたが、現在では、the President, the Vice President,
the Senate, the House of Representatives 等、固有名詞的に扱わ
れる名詞・名詞句のみにこの習慣が残っています。英語の字
面を見たときの古風な質感が、太字で同様に再現されるわけ
ではないことは承知していますが、そのような質感があるこ
とは何らかの形で示しておきたいと思いました。何と言って
も、合衆国憲法の骨子となる部分が制定されたのは、フラン
ス革命もまだ起きていない、日本では徳川家斉が徳川幕府第
11代将軍になった1787年のことなのです。

　また、The Amendments は通例「修正条項」と訳されること
が多く、もちろんまったく間違いではありませんが、これら
Amendments が持つように思える、「正す」というより「補う」
という性格を重視すると、「補正」でもいいように思います。
前例もないわけではありません。飛田茂雄『アメリカ合衆国
憲法を英語で読む』(中公新書) はこの訳語を採用していま
し、またたとえば明治6年に求知堂から刊行されている林正
明の翻訳は『合衆国憲法　補正附』と題されています。

　きわめて月並みな感慨にちがいありませんが、今回この合
衆国憲法を訳していて何度か、2017年から2020年までのアメ
リカ合衆国は、憲法から精神的にずいぶん遠いところにいた
気がするなあ、という思いを抱きました。

　訳文は日本国憲法英語版と同じく、木村草太さんに監修し
ていただきました。あつくお礼を申し上げます。

アメリカ合衆国憲法

(抜粋)

(前文)

　私たち**合衆国**の**人びと**は、
より完全な**連邦**を作って法の**正義**を確立するため、
そして国内の**平和**を保障し国の防衛に備えるため、
また、皆の**福利**を促進し私たち自身と
私たちの**子孫**に**自由**の**恩恵**を確保するために、
このアメリカ**合衆国憲法**を制定し、確立する。

The Constitution of the United States of America

(Excerpts)

We the People of the United States, in Order to form a more perfect Union, establish Justice, insure domestic Tranquility, provide for the common defence, promote the general Welfare, and secure the Blessings of Liberty to ourselves and our Posterity, do ordain and establish this Constitution for the United States of America.

union　連邦、
　（政治集団の）連合

justice　正義、公正

tranquility　平穏、安定

provide for ~
　～に備える

common defence
　共同防衛
　★ defence は defense の
　　イギリス式つづり
　　（アメリカ式つづりが
　　定着するのは
　　19世紀になってから）

welfare　福利

blessing　恩恵

posterity　子孫

ordain　～を定める

アメリカ合衆国憲法（抜粋）

第1条

第1節（1項）

ここにおいて授与される**立法権**は
すべて**合衆国連邦議会**に属し、
議会は**元老会**と**代表者会**から成る。

Article 1

Section 1

All legislative Powers herein granted shall be vested in a Congress of the United States, which shall consist of a Senate and House of Representatives.

legislative powers
立法権
★legislativeは「立法の」、
powerは「権限」

herein この中に

granted 許諾された

vest
〜を与える、〜を授ける

Congress of
the United States
連邦議会
★congressは「議会」

consist of ~ 〜から成る

Senate 元老会
★二院制議会の「上院」

House of Representatives
代表者会
★二院制議会の「下院」

第2節（1項）

代表者会は、各州の**人びと**によって
一年おきに選ばれる**構成員**から成り、
各州の**選挙権者**は、州立法部のうち
人数の多い方の**選挙権者***となるのに必要な**資格**を
備えていなければならない。

〈 **代表者会の選挙権** 〉

アメリカのネブラスカ州以外の州議会は二院制を採用しており、「州立法部のうち人数の多い方」とは、州議会の二院のうち人数の多い方を指す。日本の衆議院議員の選挙権が全国統一の公職選挙法で決まるのに対し、アメリカでは代表者会の選挙権者の資格は各州で定めることになっている。ただし、上記の規定により、連邦の代表者会の選挙権者は、少なくとも「州立法部のうち人数の多い方」の院の議員選挙資格を備えている必要がある。

第3節（1項）

合衆国の**元老会**は各**州立法部**によって
2人ずつ、**6年**任期で選出された**元老**から成り、
各**元老**は1票の**投票権**を持つ。

*補正条項XVIIで、元老は各州の人々から直接選ばれる規定に改正された。

Section 2

The House of Representatives shall be composed of Members chosen every second Year by the People of the several States, and the Electors in each State shall have the Qualifications requisite for Electors of the most numerous Branch of the State Legislature.

be composed of ～
～から成る

every second Year
一年おきに

state　州

elector
選挙権者、有権者

qualification　資格

requisite for ～
～に必要な

numerous　多数の

branch　（二院制の）
上院または下院
★branch は「部門、支部」

the State legislature
州の立法部
★legislature は
「立法部、議会」

Section 3

The Senate of the United States shall be composed of two Senators from each State, chosen by the Legislature thereof, for six Years; and each Senator shall have one Vote.

senator　元老、上院議員

thereof　それの、その

vote　投票権

アメリカ合衆国憲法（抜粋）

第4節（1項）

元老と**代表者**を**選挙する**日時、場所、
方法については各**州立法部**が定めるが、
連邦議会はいつでも、**法律**によって
それらの**規則**を作ったり変えたりすることができる。
ただし、**元老**を選挙する**場所**については
この限りではない。

（2項）

連邦議会は**毎年**一度は集まり、
期日は12月第一月曜とするが、
法律によって別の**日**を指定することができる。

＊補正条項XXで、開会の時期は法律の規定がない限り1月3日正午と改正された。

Section 4

The Times, Places and Manner of holding Elections for Senators and Representatives, shall be prescribed in each State by the Legislature thereof; but the Congress may at any time by Law make or alter such Regulations, except as to the Places of chusing Senators.

hold election
選挙を実施する

representative
代表者、下院議員

prescribe ～を規定する

alter ～を変更する

regulation 規則、規定

except as to ~
～に関する場合を除き

chuse ～を選ぶ
★chuseはchooseの
古い表記

The Congress shall assemble at least once in every Year, and such Meeting shall be on the first Monday in December, unless they shall by Law appoint a different Day.

assemble
集まる、集合する

appoint ～を指定する

第8節 （1項）

連邦議会は租税、関税、賦課金、物品税を定め、
集める**権限**を持ち、これによって**債務**を支払い、
合衆国の**防衛**と皆の**福利**に充てる。
ただしすべての関税、賦課金、物品税は
合衆国じゅう均一とする。

第9節 （8項）

合衆国はいかなる**貴族**の**称号**も授与しない。
合衆国の下で**利益**や**信託**を受ける
公職に在る**人物**は誰も、**連邦議会**の**同意**なしには、
いかなる**王**、**君主**、**外国**からも
贈与、**報酬**、**公職**、**称号**をいっさい受けてはならない。

Section 8

The Congress shall have Power To lay and collect Taxes, Duties, Imposts and Excises, to pay the Debts and provide for the common Defence and general Welfare of the United States; but all Duties, Imposts and Excises shall be uniform throughout the United States.

Section 9

No Title of Nobility shall be granted by the United States: And no Person holding any Office of Profit or Trust under them, shall, without the Consent of the Congress, accept of any present, Emolument, Office, or Title, of any kind whatever, from any King, Prince, or foreign State.

lay （義務など）を負わせる

collect （税金など）を
　徴収する

tax　税、税金
　★税金の種類全体を指す

duty　関税

impost　税、関税
　★特に「輸入税」

excise　物品税、消費税

debt　債務

provide for ~
　〜を供給する、
　〜をまかなう

defence　防衛

uniform　均一の

title　称号

nobility　貴族（階級）

grant　〜を与える

hold office　職務を務める

profit or trust
　利益や信託

consent　同意

accept of ~　〜を受諾する

present　贈り物

emolument　報酬

prince　君主

第2条

第1節 （1項）

執行権はアメリカ合衆国大統領に属す。
任期は4年とし、
同じ任期で選出される副大統領と共に、
以下のごとく選挙される。

Article 2

Section 1

The executive Power shall be vested in a President of the United States of America. He shall hold his Office during the Term of four Years, and, together with the Vice President, chosen for the same Term, be elected, as follows

executive power
執行権
★ executive は
「執行権のある」

term 任期

（2項）

　各州は、その**立法部**の指示する**方法**に従って、
連邦議会に選出する権利を与えられた
元老・代表者の総数に等しい**数**の**選挙人**を指名する。
ただし、いかなる**元老**も**代表者**も、
また**合衆国**の下で**信任**や**報酬**を受ける**公職**にある
いかなる者も、**選挙人**には選ばれない。

〈 **大統領選出方法** 〉

現在の大統領の選出方法は、補正条項XII（1804年成立）、補正条項XX
（1933年成立）で以下のように規定されている。

❶選挙人は、州ごとに集まり、それぞれ**大統領候補1名、副大統領候補
　1名**＊に投票する。その集計結果は、元老会議長に送付される。
❷元老会議長は、元老会・代表者会議員の列席の中で、各州の投票結果
　を合わせて集計する。**大統領・副大統領として過半数を獲得した者
　が大統領・副大統領**＊となる。
❸過半数を獲得した大統領候補がいなかった場合には、代表者会で、
　上位3名の決選投票を行う。このとき、代表者会の議員は（人口比例
　の）1議席1票ではなく、各州で1票とする。
❹過半数を獲得した副大統領候補がいなかった場合には、元老会で、
　上位2名の決選投票を行う。
❺大統領・副大統領の任期は1月20日正午から4年間である。

Each State shall appoint, in such Manner as the Legislature thereof may direct, a Number of Electors, equal to the whole Number of Senators and Representatives to which the State may be entitled in the Congress: but no Senator or Representative, or Person holding an Office of Trust or Profit under the United States, shall be appointed an Elector.

appoint
　〜を指名する、
　〜を任命する

direct　指示する

elector　選挙人

be entitled (to~)
　〜を得る権利がある

＊この部分は、オリジナルの憲法典（第2条第1節第3項）では、「2名の候補者」に投票し、得票数の上位が大統領、次点が副大統領になる仕組みだった。だが、これだと例えば、バイデン大統領・トランプ副大統領のように、大統領・副大統領で、政治方針や所属政党が異なり、政権が不安定になる可能性が出てくる。そのため、補正条項により左記のように定められた。
こうした憲法上のルールを踏まえ、現代の大統領選は、次のようなプロセスを踏む。

(1) 11月第1月曜日翌日に、各州の有権者が「州の選挙人が誰に投票すべきか」の投票を行う。これがいわゆる「大統領選」である。
(2) 12月第2水曜日の次の月曜日に、「選挙人投票」（左記❶）が行われる。
(3) 1月6日に連邦議会で元老会・代表者会合同の会議を行い、選挙人投票を集計する（左記❷）。

2020年の大統領選の場合には、11月3日に大統領選が行われ、12月14日に選挙人投票が行われた。2021年1月、トランプ支持者の暴徒が連邦議会を襲撃する事件が起きた。これは、合同会議（左記❷）での選挙人投票の集計中の出来事だった。

（8項）

　　大統領は職務の遂行に入る前、以下の**宣誓**、
　　もしくは**確約**を行なうものとする。
　　「私は**合衆国大統領**の**職務**を忠実に遂行し、
　　能力の限り、**合衆国憲法**を維持、保護、
　　擁護することを誓う（確約する）」

第2節（1項）

　　大統領は、**合衆国陸軍**と**海軍**、
　　および招集され実際に**合衆国**軍務に就いている
　　各州**市民軍**の**総司令官**を務める。
　　大統領は各省の最高**責任者**に、
　　それぞれの**職務**に関するいかなる問題に関しても、
　　文書による**意見**の提出を求めることができる。
　　大統領はまた、**合衆国**に対する**犯罪**に関し
　　刑の**執行延期・赦免**を与える権限を持つが、
　　ただし**弾劾**の場合はこの限りではない。

Before he enter on the Execution of his Office, he shall take the following Oath or Affirmation: —"I do solemnly swear (or affirm) that I will faithfully execute the Office of President of the United States, and will to the best of my Ability, preserve, protect and defend the Constitution of the United States."

Section 2

The President shall be Commander in Chief of the Army and Navy of the United States, and of the Militia of the several States, when called into the actual Service of the United States; he may require the Opinion, in writing, of the principal Officer in each of the executive Departments, upon any Subject relating to the Duties of their respective Offices, and he shall have Power to grant Reprieves and Pardons for Offences against the United States, except in Cases of Impeachment.

execution　遂行

oath　宣誓

affirmation　確約

swear　〜を誓う

affirm　〜を確約する

execute the office
　職務を遂行する

to the best of one's
　ability　〜の能力の限り

preserve　〜を維持する

defend　〜を擁護する

Commander in Chief
　総司令官、最高司令官

army and navy
　陸軍と海軍

militia　市民軍

service　軍務、兵役

officer　役人、幹部、公務員

executive　執行権のある

upon ~　〜に関する
　★ on の強意用法

reprieve　（刑）執行の延期

pardon　赦免

offence　犯罪

impeachment　弾劾、告発

アメリカ合衆国憲法（抜粋）

（2項）

　大統領は、元老会の助言と同意に基づいて、
出席した元老の3分の2の承認を条件に、
条約を結ぶ権限を持つ。
また大統領は、大使をはじめ公使や領事、
最高裁判所判事、その他合衆国の
すべての公務員を指名し、
元老会の助言と同意に基づいて任命する権限を持つ。
これらの任命についてはここでは特段定めず、
法によって確立されるが、
ただし、連邦議会は法によって、
比較的下位の公務員の任命権に関しては適宜、
大統領のみ、もしくは裁判所、
または各省長官に与えることができる。

He shall have Power, by and with the Advice and Consent of the Senate, to make Treaties, provided two thirds of the Senators present concur; and he shall nominate, and by and with the Advice and Consent of the Senate, shall appoint Ambassadors, other public Ministers and Consuls, Judges of the supreme Court, and all other Officers of the United States, whose Appointments are not herein otherwise provided for, and which shall be established by Law: but the Congress may by Law vest the Appointment of such inferior Officers, as they think proper, in the President alone, in the Courts of Law, or in the Heads of Departments.

advice and consent
助言と同意

treaty 条約

provided ~
～という条件で

two thirds 3分の2

present 出席している

concur 同意する

nominate ～を指名する

ambassador 大使

minister 公使
★大使の次位職

consul 領事

judge 判事

Supreme Court
最高裁判所

appointment 任命

provide for ~
～を定める

inferior officers
下位の公務員、
下級公務員

court of law 裁判所

head of department
省の長官

（3項）

　大統領は、元老会の閉会中に生じた
すべての欠員を充たす権限を持つ。
こうして行なった任命は、
次の会期の終了と共に失効する。

The President shall have Power to fill up all Vacancies that may happen during the Recess of the Senate, by granting Commissions which shall expire at the End of their next Session.

fill up ~
　～（欠員など）を埋める

vacancy　欠員

recess　閉会

commission　任命、委任

expire　失効する

session　会期

第3条

第1節 （1項）

合衆国の司法権は、唯一の最高裁判所と、
連邦議会がその都度定め設置する
下位裁判所とに属する。
最高、下位いずれの裁判所においても、
裁判官は品行方正である限り任務を保持し、
その奉仕に対して、
あらかじめ定められた時期に報酬を受け、
在職中、この報酬が減じられることはない。

第4条

第2節 （1項）

各州の住民は、それぞれの州における
住民としての特権と免除を
すべて権利として与えられる。

Article 3

Section 1

The judicial Power of the United States, shall be vested in one supreme Court, and in such inferior Courts as the Congress may from time to time ordain and establish. The Judges, both of the supreme and inferior Courts, shall hold their Offices during good Behaviour, and shall, at stated Times, receive for their Services, a Compensation, which shall not be diminished during their Continuance in Office.

judicial power　司法権
　★judicialは「司法の」

inferior Court
　下級裁判所

ordain　〜を定める

judge　裁判官

good behavior　品行方正

service　奉仕

compensation　報酬

diminish　〜を減じる

continuance in office
　在職期間
　★continuanceは
　　「継続（期間）」

Article 4

Section 2

The Citizens of each State shall be entitled to all Privileges and Immunities of Citizens in the several States.

privilege　特権

immunity　免除

several　それぞれの

第5条

連邦議会は常に、元老会・代表者会両会の
3分の2が必要とみなす場合、
この憲法に対する補正案を提示しなければならない。
また、各州の3分の2の立法部の申請があった場合、
補正案発議のための憲法会議を
招集しなければならない。
いずれにおいても、補正案は、
各州の4分の3の議会により承認されるか、
もしくは各州の4分の3の憲法会議により
承認された場合、あらゆる意味合いにおいて
この憲法の一部として有効となる。
どちらの承認方法を採るかは、
連邦議会が提案するものとする。
ただし、1808年以前に補正を行なう場合、
いかなる補正も、この憲法の第1条第9節の
第1・4項にいかなる意味でも抵触してはならず、
また、いかなる州も、その州の同意なしに、
元老会における平等の投票権を奪われてはならない。

Article 5

The Congress, whenever two thirds of both Houses shall deem it necessary, shall propose Amendments to this Constitution, or, on the Application of the Legislatures of two thirds of the several States, shall call a Convention for proposing Amendments, which, in either Case, shall be valid to all Intents and Purposes, as Part of this Constitution, when ratified by the Legislatures of three fourths of the several States, or by Conventions in three fourths thereof, as the one or the other Mode of Ratification may be proposed by the Congress; Provided that no Amendment which may be made prior to the Year One thousand eight hundred and eight shall in any Manner affect the first and fourth Clauses in the Ninth Section of the first Article; and that no State, without its Consent, shall be deprived of its equal Suffrage in the Senate.

both Houses　両議会
　★元老会と代表者会を指す

deem ~ …　～を…とみなす

amendment to ~
　～への補正案

application　申請

legislature　立法部、議会

call　～を招集する

convention　会議

valid　有効な、効力のある

to all intents and porposes
　どの点についても

ratify
　～を承認する、
　～を批准する

three fourths　4分の3

thereof　それの、その

mode　方法

ratification　承認、批准

provided that ~
　～という条件で

prior to ~　～より前に

clause　(条約や法律の)項

section　節

deprive ~ of …
　～から…を奪う

suffrage　投票権

第6条

（1項）

　この**憲法**の**適用**以前に発生した**負債・債務**はすべて、
この**憲法**の下の**合衆国**においても、
以前の**連合規約**においてと同様に有効とする。

（2項）

　この**憲法**、およびこの**憲法**に従って作られた**合衆国法**、
および**合衆国**の**権限**の下に結ばれた、
もしくは今後結ばれる**条約**は、
すべて**国**の最高法となり、
全**州**の**裁判官**はこの束縛を受け、
いかなる**州**の**制度**や**法律**がこれに反する場合も
例外とはならない。

Article 6

All Debts contracted and Engagements entered into, before the Adoption of this Constitution, shall be as valid against the United States under this Constitution, as under the Confederation.

This Constitution, and the Laws of the United States which shall be made in Pursuance thereof; and all Treaties made, or which shall be made, under the Authority of the United States, shall be the supreme Law of the Land; and the Judges in every State shall be bound thereby, any Thing in the Constitution or Laws of any State to the Contrary notwithstanding.

debt	債務
contract	～を契約する
engagements	債務
enter into ~	～（協約など）を結ぶ
adoption	採択
valid against ~	～に対して有効な
confederation	連合
pursuance	遂行、実行
the supreme law	最高法
land	国、国家
bound	束縛を受けた
thereby	それによって
to the contrary	それとは反対の
notwithstanding	～にもかかわらず、～があろうとも

アメリカ合衆国憲法（抜粋）

（3項）

前述の**元老**と**代表者**、
および各**州立法部**の**構成員**、
また**合衆国**及び各州の行政・司法にかかわる
すべての**公務員**は、**宣誓**もしくは**確約**によって
憲法を支持する義務を負う。
ただし、合衆国の下で**公職**もしくは
公共の**信任**を得る**資格**を問うために、
宗教に関する**審査**があってはならない。

The Senators and Representatives before mentioned, and the Members of the several State Legislatures, and all executive and judicial Officers, both of the United States and of the several States, shall be bound by Oath or Affirmation, to support this Constitution; but no religious Test shall ever be required as a Qualification to any Office or public Trust under the United States.

senator　元老、上院議員

executive and judicial
　行政と司法の

test　審査

public trust　公共の信任

補正条項 I

(1789年9月25日連邦議会通過、1791年12月15日承認。補正条項II〜補正条項Xも各同日)

連邦議会は、宗教の体制化に関するいかなる法も、
あるいはその自由な活動を禁じる法も
作ってはならない。
また、言論の自由、出版の自由、
人びとが平和裡に集会を行なう権利、
苦痛の是正を**政府**に請願する権利を縮小する
いかなる法も作ってはならない。

補正条項 II

然るべく統制された**市民軍**は、
自由な**州**の安全確保に必要であり、
人びとが武器を所有し携帯する権利が
侵害されてはならない。

Amendment I

Congress shall make no law respecting an establishment of religion, or prohibiting the free exercise thereof; or abridging the freedom of speech, or of the press; or the right of the people peaceably to assemble, and to petition the Government for a redress of grievances.

respecting 〜に関して

establishment 制度化

prohibit 〜を禁止する

free exercise
自由に行使すること

abridge 〜を削減する

freedom of speech
言論の自由

press 出版、報道

peaceably 平和に

assemble 集まる

petition 〜に請願する

redress 救済

grievance 苦痛、苦情

Amendment II

A well regulated Militia, being necessary to the security of a free State, the right of the people to keep and bear Arms shall not be infringed.

militia 市民軍

keep and bear arms
武器を所持し携帯する

infringe 〜を侵害する

補正条項 III

平時において、**所有者**の同意なくして
兵士を家屋に宿営させてはならず、
これは戦時においても同様だが、
法によって定める方法に則る場合はこの限りではない。

補正条項 IV

人びとが自らの身体、家屋、文書、所有物に関し、
不当な捜索や押収を被ることなく安心していられる
権利を侵害してはならない。
令状を発行する際も、相当の根拠に基づき、
宣誓もしくは確約によって裏付け、
捜索されるべき場所、
および逮捕・押収すべき人物や事物を
明記することなしに発行してはならない。

Amendment III

No Soldier shall, in time of peace be quartered in any house, without the consent of the Owner, nor in time of war, but in a manner to be prescribed by law.

quarter
　〜を宿営させる

Amendment IV

The right of the people to be secure in their persons, houses, papers, and effects, against unreasonable searches and seizures, shall not be violated, and no Warrants shall issue, but upon probable cause, supported by Oath or affirmation, and particularly describing the place to be searched, and the persons or things to be seized.

person　身体

effects　所持品

search　捜索

seizure　押収

warrant
　（逮捕や捜索の）令状

issue　発行される

but upon ~　〜なしに

probable cause
　（逮捕や捜索のための）
　相当な理由

particularly
　個々に、詳しく

search　〜を捜索する

seize　〜を押収する

補正条項 V

いかなる人も、**大陪審**の起訴・告発なしに、
死罪その他の重罪の責任を負わされてはならない。
ただし、戦時中、もしくは公共の危険が生じた際に、
陸海軍、**市民軍**において発生した事例においては
この限りではない。
またいかなる人も、同じ一つの罪に関し
二度にわたり生命や身体の危険にさらされたり、
刑事事件において自分に不利な証言を
強いられたりしてはならず、
さらに、然るべき法の手続きなく
生命、自由、財産を奪われたり、
正当な補償なしに私有財産を公的使用のために
徴収されたりすることもあってはならない。

Amendment V

No person shall be held to answer for a capital, or otherwise infamous crime, unless on a presentment or indictment of a Grand Jury, except in cases arising in the land or naval forces, or in the Militia, when in actual service in time of War or public danger; nor shall any person be subject for the same offence to be twice put in jeopardy of life or limb; nor shall be compelled in any criminal case to be a witness against himself, nor be deprived of life, liberty, or property, without due process of law; nor shall private property be taken for public use, without just compensation.

answer for ~
　～の責任を取る

capital　死刑に相当する

infamous　重罪に値する

presentment
　（大陪審による）告発

indictment　起訴

Grand Jury　大陪審
　★juryは「陪審、陪審員団」

land or naval forces
　陸海軍

subject to ~　～を被る

offence　犯罪

in jeopardy
　危険にさらされて

life or limb　生命や身体

criminal case　刑事事件

compell ~ to do
　～に…するよう強制する

witness　証言、証人

property　財産
　★この後に出てくる
　　private propertyは
　　「私有財産」

due process
　然るべきプロセス

just　公正な、正当な

compensation　補償

補正条項 VI

　すべての刑事訴追において、被告人は、
犯罪が生じた**州**と地区の公正な陪審による、
迅速な公開裁判を受ける権利を享受する。
地区についてはあらかじめ法によって
確定されるものとする。
　また、被告人は告訴の性質と内容を知らされる権利、
彼に不利な証言を行なう証人と対峙する権利、
自分に有利な証言を行なう証人を得る手続きを
強制する権利、
自己防衛のため**弁護人**の**援助**を得る権利も
あわせて享受する。

Amendment VI

In all criminal prosecutions, the accused shall enjoy the right to a speedy and public trial, by an impartial jury of the State and district wherein the crime shall have been committed, which district shall have been previously ascertained by law, and to be informed of the nature and cause of the accusation; to be confronted with the witnesses against him; to have compulsory process for obtaining witnesses in his favor, and to have the Assistance of Counsel for his defence.

criminal prosecution
刑事訴訟

the accused　被告人

enjoy the right
権利を享受する

public trial　公開裁判
　★ trialは「裁判、審理」

impartial　公平な

district　地区

wherein
そこで、その場所で

commit
〜（犯罪など）を犯す

ascertain　〜を確認する

accusation　告訴

compulsory　強制的な

in one's favor
〜に有利な

counsel　弁護士、弁護団

defence　防衛

補正条項 VII

普通法**訴訟**において、
係争金額が20ドルを超える場合、
陪審裁判を受ける権利が保障される。
また、陪審によって認定された事実はすべて、
普通法の規則に則った場合を除き、
いかなる**合衆国法廷**においても
再審議されることはない。

補正条項 VIII

過度の保釈金を求めたり、
過度の罰金を科したり、
残酷で異常な処罰を加えたりしてはならない。

Amendment VII

In Suits at common law, where the value in controversy shall exceed twenty dollars, the right of trial by jury shall be preserved, and no fact tried by a jury, shall be otherwise re-examined in any Court of the United States, than according to the rules of the common law.

suit 訴訟

common law
普通法、慣習法

value in controversy
係争金額
★ value は「価値」、
controversy は「論争」

preserve ～を守る

try ～を審理する、
～を裁判にかける

otherwise ~ than ...
…以外で～する

re-examine
～を再審議する

Amendment VIII

Excessive bail shall not be required, nor excessive fines imposed, nor cruel and unusual punishments inflicted.

bail 保釈金

fine 罰金

impose ～を課す

punishment 処罰

inflict ～を負わせる

補正条項 IX

憲法において種々の権利が列挙されているのを、
人びとの保持するその他の権利を否定したり
貶^{おとし}めたりするように解釈してはならない。

補正条項 X

憲法によって合衆国に委任されておらず、
また諸州が持つことを憲法が禁じてもいない権限は、
それぞれの州が、もしくは人びとが
保持するものとする。

Amendment IX

The enumeration in the Constitution, of certain rights, shall not be construed to deny or disparage others retained by the people.

enumeration　列挙

construe　〜を解釈する

disparage　〜をおとしめる

retain　〜を保持する

Amendment X

The powers not delegated to the United States by the Constitution, nor prohibited by it to the States, are reserved to the States respectively, or to the people.

delegate
　〜を委任する、
　〜を委譲する

reserve　〜を保有する

respectively　それぞれに

補正条項 XIII

(1865年1月31日連邦議会通過、1865年12月6日承認)

第1節

奴隷制や、本人の意志に反する隷属状態が、
当人が然るべく有罪判決を受けた
犯罪に対する刑罰である場合を除き、
合衆国において、あるいは**合衆国**の支配下にある
いかなる場においても、存在してはならない。

第2節

連邦議会は、適切な立法措置によって、
この条項を施行する権限を持つ。

Amendment XIII

Section 1

Neither slavery nor involuntary servitude, except as a punishment for crime whereof the party shall have been duly convicted, shall exist within the United States, or any place subject to their jurisdiction.

slavery　奴隷状態

involuntary　意に反する

servitude　隷属状態

punishment for a crime
　刑罰

whereof　それの
　★ of which、of whom
　　の古語

party　当事者

convict
　〜に有罪を宣告する

subject to 〜　〜に属する

jurisdiction
　(法的権限の)管轄(区域)

Section 2

Congress shall have power to enforce this article by appropriate legislation.

enforce　〜を施行する

legislation
　立法措置、法律制定

アメリカ合衆国憲法（抜粋）

補正条項 XIV

(1866年6月13日連邦議会通過、1868年7月9日承認)

第1節

合衆国で生まれ、もしくは合衆国で市民権を得て、
その法の支配を受ける人はすべて合衆国市民であり、
在住する州の住民である。
いかなる州も、合衆国市民の特権や免除を
縮小するような法律を作ったり
施行したりしてはならない。
また、いかなる州も、人から生命、自由、財産を、
法の然るべき手続きを踏まずに奪ってはならず、
その州の法の支配下にあるいかなる人に対しても、
法の平等な保護を拒んではならない。

第5節

連邦議会は、適切な立法措置によって、
この条項の諸規程を施行する権限を持つ。

Amendment XIV

Section 1

All persons born or naturalized in the United States, and subject to the jurisdiction thereof, are citizens of the United States and of the State wherein they reside. No State shall make or enforce any law which shall abridge the privileges or immunities of citizens of the United States; nor shall any State deprive any person of life, liberty, or property, without due process of law; nor deny to any person within its jurisdiction the equal protection of the laws.

Section 5

The Congress shall have the power to enforce, by appropriate legislation, the provisions of this article.

naturalized
　市民権を与えられた

wherein
　★in whichを意味する
　改まった関係詞

reside　居住する

privilege　特権

immunity　免除

deny　～を拒否する、
　～を与えない

provision　条項

アメリカ合衆国憲法（抜粋）

補正条項 XV

(1869年2月26日連邦議会通過、1870年2月3日承認)

第1節

合衆国市民の投票権は、
人種、肌の色、以前の隷属状態などを理由に、
合衆国もしくはいかなる**州**によっても
拒まれたり縮小されたりしてはならない。

第2節

連邦議会は、適切な立法措置によって、
この条項を施行する権限を持つ。

Amendment XV

Section 1

The right of citizens of the United States to vote shall not be denied or abridged by the United States or by any State on account of race, color, or previous condition of servitude.

on account of ~
~を理由に

race 人種

color 肌の色

Section 2

The Congress shall have the power to enforce this article by appropriate legislation.

アメリカ合衆国憲法（抜粋）

補正条項 XVII

(1912年5月13日連邦議会通過、1913年4月8日承認)

合衆国元老会は、各**州**から人びとによって
6年任期で選ばれた**元老**2人ずつによって構成される。
元老それぞれが1票の投票権を持つ。
各**州**の選挙権者は、**州**立法部のうち人数の多い方の
選挙権者となるのに必要な資格を
備えていなければならない。

↓

Amendment XVII

The Senate of the United States shall be composed of two Senators from each State, elected by the people thereof, for six years; and each Senator shall have one vote. The electors in each State shall have the qualifications requisite for electors of the most numerous branch of the State legislatures.

Senate　元老会
　　★二院制議会の「上院」

Senator　元老、上院議員

thereof　（前述の）それの

vote　投票権

elector　選挙権者

qualification　資格

requisite for ~
　　〜に必要な

numerous　多数の

branch　（二院制の）
　　上院または下院

the State legislature
　　州の立法部

アメリカ合衆国憲法（抜粋）

↓

元老会においていずれかの州代表に欠員が生じた場合、
その州の行政の長はこの欠員を満たすべく
選挙実施の命令を発するものとする。
ただし、どの州の立法部も、
立法部の指示に従い人びとが選挙によって
欠員を満たすまでのあいだ、
臨時の任命を行なう権限をその行政部に
与えることができる。

この補正条項を、これが憲法の一部として
発効する前に選出された元老の選出
もしくは在任期間に影響を及ぼすものと
解釈してはならない。

When vacancies happen in the representation of any State in the Senate, the executive authority of such State shall issue writs of election to fill such vacancies: Provided, That the legislature of any State may empower the executive thereof to make temporary appointments until the people fill the vacancies by election as the legislature may direct.

This amendment shall not be so construed as to affect the election or term of any Senator chosen before it becomes valid as part of the Constitution.

vacancy　欠員

representation　代表

executive authority
　行政の長

issue　～を発令する

writ　命令

empower
　～に権利を与える

temporary　臨時の

appointment　任命

direct　指示する

construe ~ as ...
　～を…と解釈する

term　任期

become valid
　効力を生じる

補正条項 XVIII

(1917年12月18日連邦議会通過、1919年1月16日承認。補正条項XXI条により破棄)

第1節

この条項が承認されてから一年後、
合衆国とその司法権が及ぶ全地域内において、
酔いを誘発する酒類の製造、販売、輸送、
もしくはそこへの輸入、そこからの輸出は、
飲料を目的とする限り禁じられる。

第2節

連邦議会と**各州**は適切な立法措置によって、
この条項を施行する共同の権限を持つ。

第3節

この条項は、**連邦議会**によって
各州に発議された日から7年以内に、
憲法に定めるとおり、各州の立法部によって
憲法補正条項として承認されない限り発効しない。

238　アメリカ合衆国憲法

Amendment XVIII

Section 1

After one year from the ratification of this article the manufacture, sale, or transportation of intoxicating liquors within, the importation thereof into, or the exportation thereof from the United States and all territory subject to the jurisdiction thereof for beverage purposes is hereby prohibited.

ratification　承認

intoxicating　酔わせる

liquor　酒（類）

importation　輸入

exportation　輸出

territory　領土

beverage　飲料

Section 2

The Congress and the several States shall have concurrent power to enforce this article by appropriate legislation.

concurrent　共同の

Section 3

This article shall be inoperative unless it shall have been ratified as an amendment to the Constitution by the legislatures of the several States, as provided in the Constitution, within seven years from the date of the submission hereof to the States by the Congress.

inoperative　効力のない

ratify　～を承認する

submission　提案

hereof　これに関して

補正条項 XXI

(1933年2月20日連邦議会通過、1933年12月5日承認)

第1節

合衆国憲法補正第18条はここにおいて失効する。

第2節

酔いを誘発する酒類を、配達、もしくは消費の目的で、
合衆国のいずれかの**州**、**属領**、所有地に
輸送・輸入することが当該地域の法律に
違反する場合は、ここにおいて禁止する。

第3節

この条項は、**連邦議会**によって
各**州**に発議された日から7年以内に、
憲法に定めるとおり、各州の憲法会議によって
憲法補正条項として承認されない限り発効しない。

Amendment XXI

Section 1

The eighteenth article of amendment to the Constitution of the United States is hereby repealed.

repeal　〜を破棄する

Section 2

The transportation or importation into any State, Territory, or possession of the United States for delivery or use therein of intoxicating liquors, in violation of the laws thereof, is hereby prohibited.

delivery　配達
therein　その中に
violation　違反

Section 3

This article shall be inoperative unless it shall have been ratified as an amendment to the Constitution by conventions in the several States, as provided in the Constitution, within seven years from the date of the submission hereof to the States by the Congress.

convention　会議

補正条項 XXV

(1965年7月6日連邦議会通過、1967年2月10日承認)

第1節

大統領が免職されるか、死亡もしくは辞職した場合、
副大統領が**大統領**となる。

第2節

副大統領の職が空白となった場合は必ず、
大統領が新たに**副大統領**を指名し、
指名された人物は**元老会・代表者会両会**の
過半数による承認を得た上で**副大統領**に就任する。

Amendment XXV

Section 1

In case of the removal of the President from office or of his death or resignation, the Vice President shall become President.

removal 解任、免職
resignation 辞職

Section 2

Whenever there is a vacancy in the office of the Vice President, the President shall nominate a Vice President who shall take office upon confirmation by a majority vote of both Houses of Congress.

vacancy （職位の）空位

nominate ～を指名する
take office 就任する
upon confirmation
　承認にもとづいて
majority 過半数
both Houses of Congress
　両議会
　★元老会と代表者会を
　　指す

第3節

　大統領が、**元老会臨時議長**および**代表者会議長**に、
大統領職の権限と任務を遂行できない旨を
文書で伝達した場合は必ず、
その逆の旨を文書で両者に伝達するまでの期間、
副大統領が**大統領代理**として
その権限と任務を遂行する。

Section 3

Whenever the President transmits
to the President pro tempore of the
Senate and the Speaker of the House of
Representatives his written declaration
that he is unable to discharge the powers
and duties of his office, and until he
transmits to them a written declaration
to the contrary, such powers and duties
shall be discharged by the Vice President
as Acting President.

transmit 〜を伝達する

the President pro
tempore
　臨時の議長
　★この president は
　　「議長」。
　　pro tempore は
　　「臨時の」

speaker　議長

House of Representative
　代表者会
　★二院制議会の「下院」

discharge
　〜（責務など）を果たす

powers and duties
　権限と任務

to the contrary
　それとは反対の

acting President
　大統領代理
　★ acting は「代理の」

第4節 (1項)

　副大統領と、行政各部の要員の過半数、
もしくは連邦議会が法によって規定する
他組織の要員の過半数とが、
元老会臨時議長および代表者会議長に、
大統領がその職の権限と任務を遂行できない旨を
文書で伝達した場合はかならず、
副大統領はただちに大統領代理としての
権限と任務を担う。

Section 4

Whenever the Vice President and a
majority of either the principal officers
of the executive departments or of such
other body as Congress may by law
provide, transmit to the President pro
tempore of the Senate and the Speaker
of the House of Representatives their
written declaration that the President
is unable to discharge the powers and
duties of his office, the Vice President
shall immediately assume the powers and
duties of the office as Acting President.

executive department
行政部

provide 規定する

assume ～を担う

アメリカ合衆国憲法（抜粋）

↓

（2項）

　その後に**大統領**が、**元老会臨時議長および**
代表者会議長に、遂行無能の事実はない旨を
文書で伝達した場合、**大統領**はその職の権限と任務を
ふたたび担うが、ただし、**副大統領**と、
行政各部の要員の過半数、もしくは連邦議会が
法によって規定する他組織の要員の過半数とが
4日以内に、**元老会臨時議長および代表者会議長**に、
大統領がその職の権限と任務を遂行できない旨を
文書で伝達した場合はこの限りではない。
このような場合、**議会**が争点を解決することとし、
議会が開会中でない場合は、
この目的のため48時間以内に**議会**が招集される。

↓

　アメリカ合衆国憲法

Thereafter, when the President transmits to the President pro tempore of the Senate and the Speaker of the House of Representatives his written declaration that no inability exists, he shall resume the powers and duties of his office unless the Vice President and a majority of either the principal officers of the executive department or of such other body as Congress may by law provide, transmit within four days to the President pro tempore of the Senate and the Speaker of the House of Representatives their written declaration that the President is unable to discharge the powers and duties of his office. Thereupon Congress shall decide the issue, assembling within forty-eight hours for that purpose if not in session.

thereafter　その後

inability　無能

resume　～を取り戻す

アメリカ合衆国憲法（抜粋）

thereupon　その後すぐに

assemble
　集まる、集合する

if not in session
　開会中でない場合は

↓

もし**議会**が、後者の文書を受けとってから
21日以内に──開会中でない場合は
議会招集の要請後21日以内に──
元老会・代表者会両会において
3分の2以上の多数により、
大統領はその職の権限と任務を
遂行できないとの決議を下した場合、
副大統領は**大統領代理**として
この権限と任務の遂行を続ける。
そうでない場合、**大統領**は
その職の権限と任務をふたたび担う。

If the Congress, within twenty-one
days after receipt of the latter written
declaration, or, if Congress is not in
session, within twenty-one days after
Congress is required to assemble,
determines by two-thirds vote of both
Houses that the President is unable
to discharge the powers and duties
of his office, the Vice President shall
continue to discharge the same as Acting
President; otherwise, the President shall
resume the powers and duties of his
office.

receipt　受け取ること

two-thirds　3分の2

アメリカ合衆国憲法の成り立ちと歴史

木村草太

1 アメリカ合衆国憲法の成り立ち

アメリカ合衆国憲法は、世界一古い成文憲法です。

イギリスの植民地だった13の邦は、18世紀の終わりにイギリスからの独立を勝ち取り、新しい国を作ることになりました。13邦は、それぞれに独自の憲法を持つ国家（State）です。しかし、互いに密接な関係を持っており、共通の通貨や度量衡を採用し、外国からの侵略にも共同で対処した方が有利です。そこで、13邦は、国家の連合体（United States）を作ることにしました。この国家連合体を「アメリカ合衆国」と呼び、その基本ルールとなっているのが「アメリカ合衆国憲法（Constitution of the United States）」です。アメリカのように、複数の国が連合体として国家を形成する制度を連邦制と言います。

アメリカの「State」は、翻訳の難所です。法学の世界では、連邦成立前の13植民地はそれぞれ独立していたため「邦」、連邦

アメリカ合衆国憲法前文。上にWe the Peopleの文字が見える。(アメリカ国立公文書記録管理局HPより)

成立後は「州」と訳し分けることもあります。また、「United States」は、「合衆国」ではなく「連邦」と呼ぶことが多いです。さらに、日本の都道府県と違い、アメリカではそれぞれの州に独自の憲法や裁判所があり、「州憲法」・「州裁判所」と呼んでいます。これに対して、連邦の憲法や裁判所は、「連邦憲法」・「連邦裁判所」です。他方で、日本政府はアメリカ合衆国憲法と呼んでいます。

　アメリカ合衆国憲法は、1787年に憲法制定会議から発議され、翌1788年に発効要件（13中9つの邦の承認）を充たしました。アメリカの出発点は、宗主国イギリスの圧政からの解放です。したがって、憲法にもその精神が反映されています。

　憲法前文には、この憲法を作ったのは国王や貴族ではなく、独立戦争を勝ち抜いた「We the People」だと高らかに宣言さ

れます。また、独立戦争のスローガンとして有名な「代表なくして課税なし（No Taxation Without Representation）」の理念は、憲法にも取り入れられ、「連邦の課税(collect Taxes)」は、人民の代表が集う連邦議会の権限だと宣言されました（**Article1 Section8** ⇨ p. 196）。

憲法に先立ち出された1776年アメリカ独立宣言（Declaration of Independence）は、「全ての人々は平等なものとして創造された（all men are created equal）」との理念を掲げます。国民の平等は、王族や貴族がいたヨーロッパの国々とは違うアメリカの国是となりました。アメリカ合衆国憲法は、連邦が貴族の称号を授与することを禁じています（**Article1 Section9** ⇨ p. 196）。

｜2｜ 統治機構の仕組み

アメリカ合衆国は、イギリスや日本のような議院内閣制ではなく、立法（legislative power）・執行（executive power）・司法（judicial power）の三権を厳格に分立し、それぞれ連邦議会・大統領・連邦最高裁判所に担当させます。

立法権を担う連邦議会には、「それぞれの州の代表」と「人民の代表」とがあります。州代表が集まるのが Senate、人民の代表が集まるのが House of Representatives です（**Article1 Section1** ⇨ p. 190）。

執行権を担うのは、大統領です。4年毎に行われるアメリカ大統領選は、おそらく世界一注目度の高い選挙でしょう。選挙戦は、アメリカ本国はもちろん、日本でも、ヨーロッパでも大きく報道されます。その仕組みはとても複雑です。大統領は、直接の人民投票ではなく、各州に割り当てられた選挙人

(Electors)の投票で決まります（**Article2 Section1** ⇨ p. 200）。憲法が作られた18世紀は、インターネットやテレビはもちろん、広大なアメリカをつなぐ航空網や鉄道網も未整備で、人々が直接に大統領候補者の為人（ひととなり）を判断するのは難しかった。そこで、各州で信頼できる選挙人を選ぶところまでを各人が行い、大統領の選抜は選挙人に委ねたわけです。

今日ではインフラも整備されているので、州ごとに直接選挙をすればよいようなものですが、「選挙人による間接選挙」という仕組みは、現在でも受け継がれています。現代の大統領選では、各州ごとに、有権者が大統領・副大統領コンビに投票を行います。ほとんどの州では、より多く得票した大統領・副大統領候補に、全ての州選挙人が投票する「勝者総取り方式（winner takes all）」を採用しています。ただし、連邦憲法でこの方式が義務付けられているわけではないので、選挙人の投票の仕方は各州の法律次第です。

司法権は、連邦最高裁判所が担います。連邦最高裁判事の身分保障は手厚いです。まず、大統領の任期が4年（**Article2 Section1** ⇨ p. 198）、下院議員が2年（**Article1 Section2** ⇨ p. 192）、上院議員が6年（**Article1 Section3** ⇨ p. 192）であるのに対し、裁判官の任期は、「during good Behaviour」、つまり不祥事や違法行為で弾劾されない限りは、終身で職務を行います。また、独立して職務を行うため、報酬も保障されます（**Article3 Section1** ⇨ p. 208）。

連邦最高裁の定員数は、憲法に書いておらず、法律で決まります。現在の法律では9人と定められていますが、連邦議会がその気になれば増減できます。連邦最高裁判事は、大統領が

指名し、Senate の承認によって選ばれます（**Article2 Section2** ⇨ p. 204）。

　連邦最高裁判事は違憲審査権を持っており、連邦議会の制定した法律や大統領の命令について違憲無効を宣言できる強力な存在です。アメリカ憲法は、解釈の幅が広く、裁判官によって判断が異なる論点も多いと言われます。このため、裁判官の人事は、全米の注目を集めます。2016年のトランプVSクリントンの大統領選、あるいは、2020年のバイデンVSトランプの大統領選でも、どんな人を最高裁判事に指名するかは、大きな争点になりました。

3 憲法修正

　アメリカ合衆国憲法は、18世紀に作られたものです。当然、価値観や技術の発展に合わなくなったり、新しい状況に応じ付け加える必要が生じたりした内容もあります。200年以上の歴史の中で、アメリカ合衆国憲法には、27回の修正が行われてきました。

　アメリカの改憲は、Amendment方式と呼ばれる独特の方法を採用しています。普通は、法律の改正があると、新しい条文を古い条文に置き換えるので、最新の条文を見ても、オリジナルがどのような内容だったかは分かりません。これに対し、アメリカの連邦憲法は、「第○条を〜のように改正する」、「憲法に〜を付け加える」といった条文を、オリジナルの憲法の後ろに附則のように付け加えます。それらの条文をAmendmentと呼び、成立した順に番号がついています。日本の法学界では、これを「第1修正（1st Amendment）」や「修正第14条

（14th Amendment）」などと訳します。

　アメリカ合衆国憲法の改正手続は、世界トップクラスの厳しさだと言われます。まず、連邦議会両院でそれぞれ3分の2の賛成がないと、発議ができません。日本国憲法では、議会で発議された後、国民投票で過半数をとれば改憲となりますが、アメリカは連邦国家なので、州ごとに承認するかどうかを検討します。そして、全州の4分の3が承認すると、Amendmentが発効します（**Article5** ⇨ p. 210）。

　重要なAmendmentについて、3つのグループに分けて紹介しておきましょう。

　第一に、アメリカ合衆国憲法のオリジナルには、連邦議会・大統領・連邦裁判所などの統治機構の条文しかなく、権利保障の条文が欠けていました。もともと、連邦の仕事は、外交や防衛など、全州が協力すべき業務に限られる予定だったため、連邦による人民の権利侵害には、それほど気を使わなくてよいと考えられたのです。しかし、連邦を成立させる準備の中で、連邦に大きな権限が与えられることになり、権利保障の条文が必要だと考えられるようになりました。

　そこで、連邦憲法成立直後の1791年に、最初の10のAmendmentが成立しました。これらはいずれも権利を保障する内容なので、まとめて「権利章典（Bill of Rights）」と呼びます。その冒頭は、表現の自由を保障したAmendment I（⇨ p. 216）です。これはアメリカ合衆国憲法の中でも最も有名な条文で、アメリカのニュースや小説を読んでいても、しばしば引用されます。

　第二に、19世紀の半ば、アメリカ合衆国憲法に大きな変化

が起きました。発足当初のアメリカは、自由と平等を国是とする一方で、奴隷制を維持する国家でもあったのです。1861〜1865年にかけて、アメリカの北部と南部とが対立し、内戦（Civil War）が起きます。南北戦争です。その争点は、連邦に大きな力を認めるのかどうかでした。その力の中には、南部の州の奴隷制を禁止する権限を与えるかどうかも含まれていました。

この戦争中から直後にかけて、南部諸州の脱退中に13〜15のAmendmentが成立します。Amendment XIII（⇨ p. 228）は、リンカーン大統領の奴隷解放宣言を憲法条項にしたもの、Amendment XIV（⇨ p. 230）は、解放された黒人のための権利保障、Amendment XV（⇨ p. 232）は、黒人の選挙権の保障に関する内容でした。これらは、南北戦争の再建期（Reconstruction）の修正として、Reconstruction Amendmentsと呼ばれます。戦争で勝った北部は南部諸州に対して、これらの承認を連邦復帰の条件としました。

第三に、20世紀に入ってからのAmendmentにも重要なものがあります。統治機構として重要なのは、1913年成立のAmendment XVII（⇨ p. 234）です。それまで、Senateの議員は各州の議会が選んでいましたが、州民によって選挙されるようになりました。

1919年には、全米で禁酒を定めるAmendment XVIII（⇨ p. 238）が成立しました。いわゆる禁酒法時代です。あの『グレート・ギャツビー』（1925年）は、この時代を描いた作品です。禁酒憲法は、1933年のAmendment XXI（⇨ p. 240）で廃止されました。「ギャツビー修正」とでもいうべき条文を、柴田

禁酒法時代の幕開けと
なった補正条項XVIII。
（アメリカ国立公文書
記録管理局HPより）

先生の翻訳で読めるというのは、この本の読者の特権ですね。

4 おわりに

　アメリカ合衆国憲法も、日本国憲法も、立憲主義に則り、権力分立と国民の権利を規定し、権力の濫用を防ごうとする基本は同じです。しかし、それぞれに異なる歴史があり、固有の制度や、面白い工夫があります。

　外国との比較は、日本で当たり前だと思っていたことが当たり前でないことに気づかせてくれたり、それまでは思いつかなかった制度や工夫を教えてくれたりします。アメリカ合衆国憲法を読んでみることで、日本国憲法の理解も深まってゆくのではないでしょうか。

対訳 英語版でよむ 日本の憲法

発行日：2021 年 4 月 23 日（初版）

翻訳：柴田元幸
監修：木村草太
編集：株式会社アルク 出版編集部
編集協力：いしもとあやこ
対談司会・構成：大井明子
英文校正：Peter Branscombe

カバー・本文デザイン・DTP：atelier yamaguchi（山口桂子、山口吉郎）

朗読：関俊彦、Kimberly Forsythe
録音・編集：株式会社メディアスタイリスト、Heliport Studios
印刷・製本：萩原印刷株式会社

発行者：天野智之
発行所：株式会社アルク
〒 102-0073　東京都千代田区九段北 4-2-6 市ヶ谷ビル
Website：https://www.alc.co.jp/

地球人ネットワークを創る

アルクのシンボル
「地球人マーク」です。

本書は 2015 年刊行の『現代語訳でよむ日本の憲法』に
アメリカ合衆国憲法の翻訳を新たに加え、増補改訂したものです。